ANGLO SAXONS

登陆不列颠：
盎格鲁-撒克逊人传奇

英格兰祖先的兴衰史

[英] 凯瑟琳·马什 编著

王善江 译

中国画报出版社·北京

图书在版编目（CIP）数据

登陆不列颠：盎格鲁-撒克逊人传奇 /（英）凯瑟琳·马什编著；王善江译. -- 北京：中国画报出版社，2023.11

（萤火虫书系）

书名原文：All About History Anglo-Saxons

ISBN 978-7-5146-2297-3

Ⅰ.①登… Ⅱ.①凯… ②王… Ⅲ.①盎格鲁-撒克逊人—王国—中世纪史—英国 Ⅳ.①K561.31

中国国家版本馆CIP数据核字(2023)第199885号

Articles in this issue are translated or reproduced from Anglo-Saxons Second Third Edition and are the copyright of or licensed to Future Publishing Limited, a Future plc group company, UK 2020.

北京市版权局著作权合同登记号：01-2023-4087

登陆不列颠：盎格鲁－撒克逊人传奇

［英］凯瑟琳·马什 编著　王善江 译

出　版　人：方允仲
审　　　校：崔学森
责任编辑：李　媛
内文排版：郭廷欢
责任印制：焦　洋

出版发行：中国画报出版社
地　　　址：中国北京市海淀区车公庄西路33号　邮　编：100048
发　行　部：010-88417418　010-68414683（传真）
总编室兼传真：010-88417359　版权部：010-88417359

开　　本：16开（787mm×1092mm）
印　　张：12.5
字　　数：220千字
版　　次：2023年11月第1版　2023年11月第1次印刷
印　　刷：北京汇瑞嘉合文化发展有限公司
书　　号：ISBN 978-7-5146-2297-3
定　　价：75.00元

欢迎来到盎格鲁－撒克逊人的世界

1066年，征服者威廉（William the Conqueror）获胜，他不仅成为英格兰国王，还见证了英格兰历史上盎格鲁-撒克逊时代的终结。

《登陆不列颠：盎格鲁-撒克逊人传奇》一书将重温七个独立王国的逐渐融合，探寻阿尔弗雷德国王被尊为"大帝"的缘由，还原盎格鲁-撒克逊人的真实生活，重遇觊觎英格兰的维京海盗，近距离接触最后的盎格鲁-撒克逊国王，并重现巨变来临前的最后时刻……

目 录

7　盎格鲁－撒克逊人的起源

七国时代

16　七个王国
33　萨顿胡船棺葬
35　信仰更替
47　早期维京入侵
52　阿尔弗雷德大帝与维京人
63　让威塞克斯"维京不侵"
71　阿尔弗雷德的珠宝
72　维京人聚居地
79　威塞克斯家族
94　盎格鲁－撒克逊人的日常生活

统一的英格兰

103　荣耀者埃塞尔斯坦
111　维京人卷土重来
116　北方之王
128　忏悔者爱德华
135　最后的盎格鲁－撒克逊国王

诺曼征服

- 142 英格兰的丹麦斧战士
- 150 1066年王位之战
- 164 埃德加·埃特林
- 168 黑斯廷斯战役后盎格鲁-撒克逊英格兰的抗击
- 181 黑斯廷斯如何改变历史
- 194 如果……历史又当如何书写？

◀ 根据后世传说，吉尔达斯（Gildas）在布列塔尼定居，并在那里建立了一座修道院，后世尊称他为圣－吉尔达斯－德－鲁伊斯

盎格鲁－撒克逊人的起源

盎格鲁－撒克逊人来自何方？
首批定居者人数几何？

6世纪，英国修道士吉尔达斯在其辞藻华丽的拉丁语布道词中谴责了当局的腐朽统治，因当局的种种罪行，其臣民请求上帝对他们及其王国进行惩戒。接踵而来的是一群金发蓄须的武士。吉尔达斯的《论不列颠的毁灭与征服》（On the Ruin of Britain）是罗马政权颠覆（410年）之后两百年历史的唯一记载。

这些金发的盎格鲁和撒克逊武士（日耳曼语民族），来自今天德国北部和丹麦南部的沼泽地区。据吉尔达斯所述，这些人原本只是雇佣兵，他们的雇主被后世称作"沃尔蒂杰恩"（Vortigern）[①]国王。但很快，他们就背弃了雇主，开始建立自己的王国。他们驱逐当地的不列颠人（Britons）[②]，取而代之的是沿着灰鲸迁徙之路穿过北海风暴肆虐水域的追随者们。

后世对于盎格鲁－撒克逊人登陆不列颠有详细的记载。当时雇佣兵的首领是亨吉斯特（Hengist）和霍萨（Horsa）兄弟，他们率军在塔内特岛的埃布斯弗利特（Ebbsfleet）登陆。考古证据表明，5世纪初日耳曼人确实在肯特（Kent）生活过，如不列颠墓葬中尸体腰带上就有典型的神圣

---

① Vortigern 是一个头衔，而非名字，意为"至高无上的主"。
② 6世纪以前居住在不列颠群岛的凯尔特民族。

7

▲ 考古出土的盎格鲁-撒克逊武器：长矛（最常用的武器）、剑、盾牌（左下角）

罗马帝国的装饰。根据比德（Bede）的《盎格鲁-撒克逊编年史》（the Anglo-Saxon Chronicle）记载，招募德国雇佣兵的初衷是对抗皮克特人（Picts，即使在罗马帝国时代，皮克特人也曾多次入侵罗马统治下的不列颠）。但打败皮克特人后，这片土地的富饶与肥沃让他们想将其据为己有，于是便向家乡传回消息，要求增援，因为他们觉得，机不可失，失不再来。

455年，兄弟俩与沃尔蒂杰恩对战。虽然霍萨战死，但沃尔蒂杰恩最终战败，亨吉斯特成为肯特王国的第一位国王。后来的编年史将这段历史改编为沃尔蒂杰恩迷恋亨吉斯特的女儿，于是父女俩合伙，诱骗沃尔蒂杰恩，沃尔蒂杰恩因此赠送亨吉斯特和他的手下很多领土作为聘礼。就这样，不列颠因个人欲望被拱手相送给了盎格鲁-撒克逊人。

虽然吉尔达斯在书中抨击政治的腐败并请求上帝的惩戒，但对他而言，盎格鲁-撒克逊人的到来对不列颠岛是一场彻头彻尾的灾难。他的书中没有详细的记载，既没有确切日期，也很少提及人名，但后世仍可以推测540年前后不列颠的实际情况。即使罗马人已经离开一个多世纪，罗马的古典教育仍让不列颠人受益匪浅，他们深谙拉丁语及相关的文学文化，并饱读圣经文本和注释。吉尔达斯学富五车、博览群书，是真正的绅士，因此在他眼中，盎格鲁-撒克逊人是野蛮人，是异教徒，对他们而言，书籍唯一的作用就是生火。

盎格鲁-撒克逊人对不列颠的征服不温不火。双方你来我往几个世纪，最终以盎格鲁-撒克逊

▲ 亨吉斯特和霍萨兄弟俩率领盎格鲁-撒克逊雇佣兵登陆不列颠

▲ 亚瑟王到底是英格兰人的朋友，还是不列颠人的领袖？

曾经的亚瑟王，永远的亚瑟王

传说中的英格兰国王亚瑟，其实在与英格兰人作战

每当英格兰需要与敌人英勇作战时，亚瑟的传奇形象就会再现。但即使确有其人，亚瑟实际上是作为不列颠人的领袖与英格兰人作战，不列颠人终将成为威尔士人，某种意义上，这让亚瑟王的丰功伟绩大打折扣。

但亚瑟是否存在本身就很有争议。最早关于他的记载出现在830年左右威尔士的《不列颠人的历史》（Historia Brittonum）一书中，至少比传说中他生活的年代晚了三个世纪。在《不列颠人的历史》中，亚瑟是公爵（dux bellorum）而非国王，他带领不列颠人12次战胜盎格鲁-撒克逊人，最后一次是巴顿山战役。有趣的是，吉尔达斯的书中也记载了不列颠人在巴顿山战役的胜利，这场战斗发生在他出生的那一年，而且他的记载中也有一位领袖。

可惜，在吉尔达斯的记载中，这位领袖名为安布罗修斯·奥勒利安努斯（Ambrosius Aurelianus），而非亚瑟。不列颠人似乎是在领袖的号召下团结起来反对侵略者的，但这位领袖是否真的是亚瑟，就不得而知了。

人的胜利告终。不列颠人变成了威尔士人（这个词源于古英语中的"wealh"，意为"外国人"，但这个词的另一层意思却是"奴隶"），德国人变成了英格兰人，北边的皮克特人变成了苏格兰人，真正的苏格兰人却被迫生活在爱尔兰。在那个鸠占鹊巢的年代，不列颠孕育了亚瑟王的英雄传说，他领导人民不断反抗着盎格鲁-撒克逊的统治。

但这是真正意义的征服吗？囿于缺乏其他资料，学者们只能认同亲历者的观点，承认这是大规模的日耳曼民族入主、更替不列颠民族的历史事件。但20世纪后期的几十年里，新一代学者对此产生了质疑。对历史树木花粉记录的考古分析表明，这一时期树木覆盖水平几乎没有变化。据说当时不列颠全境人口减少，当地的不列颠

后世野史称亨吉斯特的女儿为罗伊娜（Rowena），并细致描述了她与沃尔蒂杰恩国王的风流韵事

在盎格鲁-撒克逊人入侵之前逃离（有些人逃往海外，在今天法国的布列塔尼建立了一个新王国）。但是，如果不列颠人真的四散奔逃，那么长时间无人照料的耕地应该变成灌木丛、树林甚至森林。然而，考古研究并没有明确证据证实这一变化。相反，在此期间，土地的耕作水平似乎未有改变。

因此，也许不列颠的农民自始至终都在这里耕种、收割，而他们附近会经常爆发小规模的战争。一个盎格鲁-撒克逊的异教徒领袖取代了一个不列颠的基督徒领袖。但是，新的盎格鲁-撒克逊领袖凭借武器和社会等级顶端的地位，温水煮青蛙式地用他们的语言和文化同化当地居民。农民的生活并未改变，还同往常一样耕种、收获。那么，盎格鲁-撒克逊人入主英格兰就不是所谓的大规模的民族更替，而是通过战争，成为当地的新统治者，并获得至高无上的社会地位。他们在当地娶妻生子，同时确保他们的语言和文

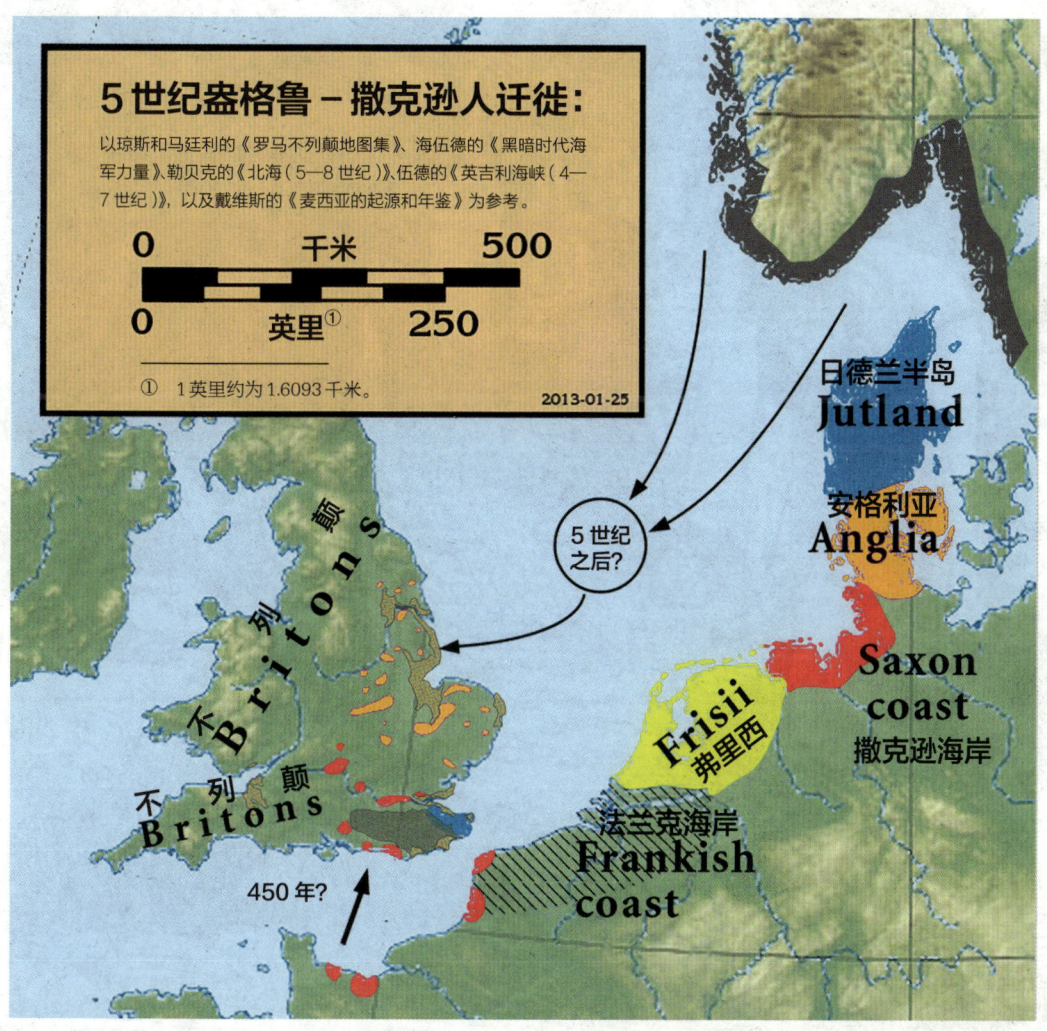

▲ 新的证据质疑盎格鲁-撒克逊人对不列颠进行了民族更替这一观点

▲ 沃尔蒂杰恩与亨吉斯特和霍萨签订条约

> 直到8世纪，欧洲才开始广泛使用"盎格鲁-撒克逊"一词。

化在该地区占主导地位。

然而，一些历史学家对此并不认同，尤其是地名学家。他们研究发现，英格兰很少有凯尔特语地名，多是古英语（古英语源于盎格鲁-撒克逊语）地名。但如果本地的不列颠农民开始为新来的盎格鲁-撒克逊统治者工作，那么就应该有更多的凯尔特语地名。因为，新领主会问农民"那边是哪里？"，农民回答后，农场主会吩咐农民"去那儿砍一些树"。为了让农民明白，新领主会很自然地使用原有的地名，不会重新命名。

那么，盎格鲁-撒克逊人究竟是大规模种族征服，即通过种族清洗，占领了后来被称为英格兰的土地，还是自上而下逐渐强加了自己的语言和文化对当地社会下层的影响的呢？目前的证据不足以形成定论，学者们也莫衷一是。回答这个问题需要其他方法的辅助，比如DNA测试。DNA测试就能给出准确的答案吗？也曾有许多研究试图探寻不列颠人的起源，但第一次研究结果争议颇大，无法定论。事实证明，关于起源的遗传分析非常复杂，还需要大量有效的样本。在第一次研究的基础上，第二次研究取得了一些进展，也得出了一些可能的结论。首先，不列颠的基因区域差异很大，康沃尔人（Cornish）的遗传基因与德文郡人（Devonians）不同（德文郡位于康沃尔西边），与不列颠其他地方差异就更大了。南威尔士人、北威尔士人、苏格兰人和坎布里亚人（Cumbrians）也是如此。公元前6500年左右，大陆桥冰层尚未融化，欧洲移民通过大陆桥迁入不列颠群岛并在此定居，成为后来的不列颠土著。其中，人数最多的移民来自日德兰半岛（Jutland peninsula）和萨克森北部，他们居住于英格兰南部和中部，因此，这里也成了盎格鲁-撒克逊人的传统家园。假设5世纪，英格兰的人口约为100万，那么其中大约25万至40万是移民。相比之下，诺曼人留下的基因痕迹很少，因此诺曼征服只停留在统治者层面。

近期的考古发现也印证了这一观点，有证据表明，两个种族最初相互隔离，但慢慢壁垒消除，盎格鲁-撒克逊人和不列颠人的聚居地彼此不断靠近，几个世纪后，最终合而为一。

征服不列颠的进程缓慢。

七国时代

16　七个王国
33　萨顿胡船棺葬
35　信仰更替
47　早期维京入侵
52　阿尔弗雷德大帝与维京人
63　让威塞克斯"维京不侵"
71　阿尔弗雷德的珠宝
72　维京人聚居地
79　威塞克斯家族
94　盎格鲁－撒克逊人的日常生活

七个王国

罗马统治瓦解后，不列颠群岛七国并立，史称"七国时代"

410年，罗马在不列颠的统治瓦解，之后的百年间，不列颠群岛群雄逐鹿。罗马中央集权政府土崩瓦解后，不列颠岛小国林立，互相倾轧征战以夺取短暂的统治权，许多小国现在已不可考。盎格鲁-撒克逊人也位列其中，他们穿过北海，通过不列颠东部和南部的河流源源不断地拥入不列颠群岛，并建立了自己的王国。盎格鲁-撒克逊人生活的区域交通不畅且路途艰险，海洋和河流反而更为安全可靠。他们建立新国家后，家眷也横跨北海而来。但他们之间摩擦战争不断，其规模和频率不亚于他们与不列颠人的战争。

随着时间的推移，小的国家被消灭或吞并。如果战胜国的国王许给战败方更多的黄金和无上的荣耀，战败方就会俯首称臣，战胜国也会因此变得更加强大，其他小王国也会随之主动并入。于是，众多的小国家逐渐合为七个，最后又合并为四个盎格鲁-撒克逊王国。

诺森布里亚（Northumbria）

英雄和圣人的国度

诺森布里亚是亨伯河（the Humber）以北的盎格鲁-撒克逊王国。鼎盛时期，它是面积最大也最为强盛的盎格鲁-撒克逊王国。由于比德一生都在此居住，所以直到8世

▲ 班堡城堡，艾丁人的古老哨卡。圣奥斯瓦尔德门保留了盎格鲁-撒克逊的防御工事

纪，诺森布里亚的历史记载都十分详实。据历史记载，诺森布里亚是由小王国合并而成的，以伯尼西亚（Bernicia）王国为核心政权，以班堡（Bamburgh）和德拉（Deira）为政治中心（以古罗马的约克为中心）。

根据现存王室谱系，547年，伯尼西亚的艾达（Ida）占领了班堡后建立了伯尼西亚王国，因此伯尼西亚的国王也被称为艾丁人（Idings）。半个世纪以来，艾丁人浴血奋战守卫他们对海岸的控制权，但最后还是被不列颠王国联盟从班堡赶到了林迪斯法恩岛（Lindisfarne）。在王国即将覆灭之际，国王被困却力挽狂澜，伺机刺杀了敌方首领，敌方人马立即有如一盘散沙，艾丁人也因此得救，逃到班堡重新稳固了政权。

593年，埃塞尔弗里斯（Æthelfrith）即位，他是当时最伟大的战士，曾多次打败不列颠人。吞并德拉王国后，他创建了诺森布里亚王国。在他的领导下，诺森布里亚王国成为不列颠最强大的王国。616年，埃塞尔弗里斯战死沙场，他的继任者埃德温（Edwin）继续扩张领土、壮大国

▲《林迪斯法恩福音书》的精湛艺术都归功于林迪斯法恩主教伊德弗里斯（Eadfrith）

力。不仅如此，埃德温还是第一位皈依基督教的北方盎格鲁-撒克逊国王。但还没来得及巩固新宗教的地位，他就殒命沙场了。

短暂的混乱之后，埃塞尔弗里斯的儿子奥斯瓦尔德（Oswald）从流放地回国，成功继承了王位。奥斯瓦尔德是虔诚的基督徒，他从爱奥那（Iona）邀请传教士宣扬新教，并在林迪斯法恩修建了一座修道院。

诺森布里亚王国在奥斯瓦尔德的继任者——他的弟弟奥斯威（Oswiu）和奥斯威的儿子埃格弗里斯（Ecgfrith）统治期间不断扩张版图。685年，诺森布里亚人被皮克特人打败。埃格弗里斯被杀，诺森布里亚的军队主力也被摧毁。这场战役阻止了诺森布里亚人向北扩张的步伐。

内希坦斯米尔战役（Nechtansmere）后，诺森布里亚在军事上优势不再，但8世纪时，其文化空前繁荣，留有如比德的历史著作和《林迪斯法恩福音书》(the Lindisfarne Gospels)。9世纪，维京人入侵，诺森布里亚再次分裂。维京人在约克建立了维京王国，诺森布里亚王国继续以班堡和伯尼西亚为中心，但却与其他盎格鲁-撒克逊王国从此隔绝。直到10世纪，荣耀者埃塞尔斯坦（Æthelstan）才重新统一了诺森布里亚王国。

麦西亚王国
(Mercia)

麦西亚人为统治而战

麦西亚王国是继诺森布里亚最强大的盎格鲁-撒克逊王国，这种局面持续了近300年。685年，诺森布里亚国王埃格弗里斯战死，麦西亚王国便取而代之，统治亨伯河以南的大片土地，唯一能与之抗衡的是威塞克斯王国（Wessex）。在盎格鲁-撒克逊三大王国（诺森布里亚、威塞克斯和麦西亚）中，麦西亚的历史多是由敌人书写的，其中最著名的就是伟大的诺森布里亚史学家比德，他胸襟宽广，却唯独把麦西亚王国当作敌国。

麦西亚一词源于"Mierce"，在古英语中意为"游民"或"边境民"，这也是麦西亚人最初的生活状态。他们的南部和东部是盎格鲁-撒克逊王国，西部和北部是不列颠王国。麦西亚人居中而居，顺河而入就可到达该国的中心。据麦西亚的王室谱系记载，他们的祖先是不列颠的安格利亚王子伊塞尔（Icel），因此，麦西亚的统治家族被称为伊克林加斯家族（Iclingas）。

第一位有据可查的麦西亚国王是彭达（Penda），他是诺森布里亚国王的死敌，他先后杀死了两位诺森布里亚国王（埃德温和奥斯瓦尔德）和三位东安格利亚国王。彭达是盎格鲁-撒

▲ 修建奥法大坝时的劳动力数量可以窥见麦西亚王国的鼎盛国力

克逊王国中最后一位异教徒国王，在他与奥斯瓦尔德的弟弟、诺森布里亚国王的继任者奥斯威作战时，盎格鲁-撒克逊人都已经皈依了基督教。

麦西亚和诺森布里亚互相倾轧、斗争，直到685年埃格弗里斯国王去世，麦西亚才完全占据上风。757—796年奥法国王（Offa）统治期间，麦西亚王国国力达到顶峰，完全掌控了整片地区。奥法国王几乎与查理曼大帝齐名。从修建奥法大坝时的劳动力数量就可以窥见奥法国王在位时麦西亚的鼎盛国力。

然而，奥法国王离世后，麦西亚的实力急剧下降。868年，异教徒大军（维京大军，the Great Heathen Army）给了麦西亚致命一击。874年，维京人废黜了麦西亚国王伯格雷德（Burgred），扶持了自己的傀儡国王。威塞克斯的阿尔弗雷德战胜维京人后，麦西亚东北部并入丹内劳（Danelaw），西南部分归顺阿尔弗雷德。阿尔弗雷德的子孙再次征服了维京人，麦西亚得以重回盎格鲁-撒克逊国家。当时的盎格鲁-撒克逊国家不断扩大版图，因为统治者们认为自己不仅是西撒克逊的国王，更是整个英格兰的国王。

▲ 麦西亚发掘的斯塔福德郡宝藏（Staffordshire Hoard），显示了盎格鲁-撒克逊王国的优渥财力

威塞克斯王国

最后的盎格鲁－撒克逊王国，也是英格兰的第一个王国

在盎格鲁-撒克逊三大王国中，威塞克斯最后一个声名鹊起，但却最终统一英格兰，并成为整个英格兰的统治者。然而，威塞克斯在最初建国时却名不见经传。

与其他王国一样，威塞克斯王国存有王室谱系。据族谱记载，其创建者为塞尔迪克（Cerdic）。但并没有证据表明塞尔迪克之后的国王与他有血缘关系。根据《盎格鲁-撒克逊编年史》，495年，塞尔迪克带着五船士兵登陆汉普郡海岸，在南海岸建立了王国，并逐渐向内陆和西部扩张。然而，塞尔迪克是凯尔特人名，而不是日耳曼人名，所以一些学者推测威塞克斯的早期统治者拥有盎格鲁及不列颠血统。

威塞克斯不惜放弃不列颠王国，不断向西扩张。但威塞克斯在北部的扩张被麦西亚人压制，两国以泰晤士河为界。8世纪，麦西亚进入鼎盛时期，威塞克斯比其他王国更独立坚忍，不断向西推进，并于9世纪初征服了不列颠王国的邓诺尼亚（Dumnonia，德文郡）。

851年，维京军队在威塞克斯登陆，在阿克莱亚战役（the Battle of Aclea）中败北。865年维京重返不列颠时，避开了西撒克逊人的王国。打败其他三个主要的盎格鲁-撒克逊王国后，维京军队将目光转向最后一个王国威塞克斯。当时，年轻的埃塞尔雷德（Æthelred）诚惶诚恐，他

▲ 阿尔弗雷德是不列颠历史上唯一一位被称作"大帝"的国王，他实至名归

的弟弟阿尔弗雷德是他的首席指挥官。但其实，与他那些被万世唾弃的后代相比，埃塞尔雷德已经全力以赴了。871年的阿什当战役（the Battle of Ashdown）中，埃塞尔雷德和阿尔弗雷德大败维京大军，维京人撤退。

埃塞尔雷德战后不久便一命呜呼，他的弟弟阿尔弗雷德继任，成为盎格鲁-撒克逊的最后一位国王。阿尔弗雷德是唯一的希望，如果战败，最后一个王国将会就此沦陷。这也正是维京人的盘算。冬季降临，他们对威塞克斯发动突袭，阿尔弗雷德措手不及，只能带着少数人逃进萨默塞特平原（Somerset Levels）的沼泽地，最后一个王国落入敌手。

阿尔弗雷德重振旗鼓，在英格兰历史上最重要的战役之一爱丁顿战役（the Battle of Edington）中一举击败维京人，重建王国。战后，他一边抵御外敌，一边着手肃清内患。在阿尔弗雷德的儿子爱德华和女儿埃塞尔弗莱德（Æthelflæd）的卓越领导下，威塞克斯吞并麦西亚，占领了丹内劳。最后，阿尔弗雷德的孙子埃塞尔斯坦统一了英格兰。西撒克逊人的国王现在成为英格兰的国王。这个非凡的家族功勋卓著。

▲ 荣耀者埃塞尔斯坦，阿尔弗雷德大帝的孙子，英格兰第一任国王

东安格利亚王国

萨顿胡船棺葬的随葬品显示了盎格鲁－撒克逊王国的富有

1939年6月14日，光明照进了长达几个世纪的黑暗时代。那一天，考古学家巴兹尔·布朗（Basil Brown）打开了萨顿胡船棺葬。接下来的几周，考古学家发现这位黑暗时代的国王富可敌国。他是东安格利亚的第一任国王雷德瓦尔德（Rædwald）。关于雷德瓦尔德，除名字外，其他我们一无所知。

安格利亚人被芬斯人（Fens）从中分隔为北方人和南方人（音译为诺福克和萨福克），彼此隔绝。据王室谱系记载，安格利亚人的祖先是乌法国王（Wuffa），因此他们也被称为乌夫加（Wuffingas，"狼的儿子"）。7世纪初，雷德瓦尔德成为东安格利亚国王，与此同时，埃塞尔弗里斯统治下的诺森布里亚，国力日渐强盛。两个王国中间隔着芬斯和林赛王国（Lindsey，林赛王国也是盎格鲁－撒克逊王国，位于林肯郡附近，本应属于七国之一，却未被列入其中），雷德瓦尔德很乐意为逃亡的诺森布里亚王子埃德温提供庇护。

埃塞尔弗里斯获悉埃德温的藏身之处以后，多次派人捎信儿，且语气越来越强硬，威胁意味越来越明显，要求雷德瓦尔德杀死埃德温。雷德瓦尔德犹豫不决，最终决定与埃德温并肩战斗。他们一起击败并杀死了埃塞尔弗里斯，埃德温成为诺森布里亚的新国王，雷德瓦尔德也成为盎格鲁－撒克逊盟主（Bretwalda）。雷德瓦尔德是不列颠最杰出的国王之一，于626年去世。他的继任者一直与崛起的麦西亚抗争，但都以失败告终，因此不得不寻找新任国王。整个8世纪，东安格利亚人都在与麦西亚作战，终于在9世纪重获独立，但869年又被维京人打败。

东安格利亚王国最后一位国王是殉道者埃德蒙（Edmund the Martyr），他被维京人杀害，但是信奉基督教的维京人却很尊敬他。这些定居在东安格利亚的维京基督徒修建了伯里圣埃德蒙兹神殿（the shrine of Bury St. Edmunds）以纪念这位盎格鲁-撒克逊国王。

▲ 萨顿胡船棺葬出土的头盔复原品

埃德蒙国王自知无法击败维京人，便以自己献祭拯救国民

肯特王国

盎格鲁－撒克逊人建立的第一个王国

  肯特的国王不是盎格鲁人或撒克逊人，而是来自日德兰半岛北部的朱特人。肯特的社会阶层构成与其他盎格鲁-撒克逊王国大相径庭，肯特只有一个贵族阶级，而其他王国却有两个。肯特农民（ceorls）也比其他王国的农民拥有更高的社会地位。

  根据记载，肯特王国最初的统治者是亨吉斯特和霍萨兄弟，他们是雇佣兵，受雇于沃尔蒂杰恩国王，以对抗罗马在不列颠的统治瓦解后袭击东海岸的皮特人。在西罗马帝国衰落的年代，雇用野蛮雇佣兵抵御野蛮入侵者司空见惯。然而，这段历史后来被添油加醋，如沃尔蒂杰恩迷恋亨吉斯特的女儿罗伊娜，并将肯特送给她的父亲作为聘礼。

在埃塞尔伯特（Æthelberht）国王的长期统治下，王国的历史得以保存。肯特国王与英吉利海峡对岸的墨洛温王朝（the Merovingian dynasty）国王关系密切，贸易往来频繁，因此，他们比其他不列颠国王更为富有。也正因如此，埃塞尔伯特被尊为盎格鲁-撒克逊盟主，并与法兰克公主伯莎联姻。然而，伯莎是基督徒，因此尊重伯莎的宗教信仰就成了联姻的前提条件。

599年，一个意大利使团在传道士奥古斯丁的带领下，从罗马远道而来拜访埃塞尔伯特，他们试图劝说埃塞尔伯特皈依基督教。埃塞尔伯特因此改信了新宗教，并在坎特伯雷修建教堂，让奥古斯丁在那里传教。坎特伯雷教堂后来也成为肯特王国最权威的教堂。然而，肯特王国在埃塞尔伯特之后并没有世代相传。虽然王国仍然富有，但统治家族却自相残杀，使得国力减弱。7世纪下半叶，麦西亚王国成为肯特王国的实际统治者。9世纪初，西撒克逊人崛起，肯特又归顺威塞克斯王国。阿尔弗雷德统治的最后10年（9世纪90年代），维京人的威胁已经持续了将近一个世纪，在阿尔弗雷德与维京人的战斗中，肯特王国起到了至关重要的作用。

▲ 埃塞尔伯特，肯特国王，589—616年在位

萨塞克斯王国（Sussex）

萨塞克斯王国在肯特、威塞克斯和北方的麦西亚的夹缝中挣扎求生

虽是七国之一，但萨塞克斯王国在盎格鲁-撒克逊王国中并不起眼，因此历史也未详加记载。12世纪亨廷顿（Huntingdon）的历史学家亨利将其列为重要的盎格鲁-撒克逊王国。尽管位于肯特王国和威塞克斯王国之间，北方又受麦西亚王国的威胁，但萨塞克斯王国却始终保持独立，时间甚至超过与它国力相当的其他王国（如林赛）。827年，萨塞克斯最终归顺威塞克斯。

根据《盎格鲁-撒克逊编年史》记载，477

埃勒（Ælle），传说中南撒克逊人的第一任国王

▲ 威尔弗里德接受国王赠与的土地

年，埃勒建立了萨塞克斯王国。他带着三个儿子和三船战士在塞尔西（Selsey）附近登陆。后来，王国对外逐渐扩张，对内不断镇压不列颠人的反抗。其实，该地区的考古表明撒克逊人在埃勒到来之前就已经在萨塞克斯定居了，他们可能是为罗马帝国驻守撒克逊海岸的雇佣兵，因为这里有罗马人为防范入侵者而建立的哨卡和港口。

7世纪下半叶，萨塞克斯王国进入全盛时期，国王埃塞尔韦尔（Æthelwealh）受洗，这一时刻也被载入史册，当时为埃塞尔韦尔洗礼的是他的支持者也是他的教父——麦西亚国王伍尔菲尔（Wulfhere）。伍尔菲尔将怀特岛（Isle of Wight）和梅恩谷（the Meon Valley）送给了埃塞尔韦尔作为受洗馈赠。对伍尔菲尔而言，成为另一位国王的教父，既是出于兄弟情谊，也是对其政治上的掌控。伍尔菲尔赠送土地时说道，某种意义上，埃塞尔韦尔是其他两位国王的后辈①。

然而，虽然埃塞尔韦尔已经成为基督徒，但他的子民却没有。威尔弗里德（Wilfrid），这位命运多舛的诺森布里亚主教，被埃格弗里斯国王废黜后，被流放到了萨塞克斯。威尔弗里德抵达时，这个因旱灾苦不堪言的国家突降甘霖，于是，南撒克逊人改信威尔弗里德的新教。威尔弗里德教当地人捕鱼的新方法，也正是凭借这项技术，南撒克逊人才在干旱过后的饥荒中平安无恙。8世纪，萨塞克斯归顺麦西亚王国，后者当时的统治者是奥法国王。825年，它又重归威塞克斯王国。

---

① 即他比其他国王皈依基督教的时间晚。

▲ 在伦敦大火中被摧毁的旧圣保罗大教堂,是在梅利图斯建造的盎格鲁-撒克逊教堂的遗址上修建的

埃塞克斯王国（Essex）

东撒克逊人的王国横亘赫特福德郡（Hertfordshire），包括中撒克逊人（米德尔塞克斯郡）的土地

与南撒克逊王国一样，东撒克逊王国的历史也并不详实。大约6世纪，埃塞克斯建国。当时撒克逊人定居在泰晤士河以北的平坦地区。然而，东撒克逊人的王室谱系记载却要更晚一些，而且学者们对王国的第一任国王是谁也有分歧。有的谱系记载的第一任国王是埃斯温（Æscwine），而另一谱系中却是斯莱德（Sledd），而且认为埃斯温是斯莱德的儿子和继任者。

王国通过吞并小部落而发展壮大，最终国土范围包括现在的埃塞克斯郡、赫特福德郡的部分地区和现已不可考的米德尔塞克斯郡。7世纪，伦敦属于东撒克逊王国，有记载的第一任国王是塞伯特（Sæberht），他于604年受洗，肯特国王埃塞尔伯特是他的教父。

在格雷戈里（Gregory）教皇最初的设想中，不列颠应该有两大中心，分别是伦敦和约克，对应以前罗马的行政中心。然而，在肯特国王埃塞尔伯特的保护和支持下，奥古斯丁在坎特伯雷担任大主教，无法迁到伦敦。因而，他派梅利图斯（Mellitus）到伦敦担任主教，并在现在的大教堂地区建立了第一个圣保罗教堂。可惜，塞伯特的三个儿子仍然是异教徒，并在塞伯特去世后驱逐了梅利图斯，可能是因为他拒绝在受洗之前给他们圣餐，主教职位也随之失效。东撒克逊的后世国王又重新皈依基督教。三兄弟在殒命沙场之后，另一个异教徒成为新国王。随后，国王西格伯特二世（King Sigeberht II）继任，他在诺森布里亚国王奥斯威的影响下皈依了基督教。后来西格伯特二世被兄弟杀害，因为他们不赞成国王的处事方式：他对敌人宽容仁慈，不愿斩草除根以绝后患。

8世纪，埃塞克斯王国归于麦西亚王国，而后于825年并入威塞克斯王国，随后根据阿尔弗雷德和古瑟罗姆（Guthrum）签署的条约，又被并入丹内劳。917年，埃塞克斯被阿尔弗雷德大帝的儿子长者爱德华占领，并正式并入威塞克斯王国。威塞克斯王国继续扩张，建立了新统一的国家——英格兰。

▲ 坎特伯雷圣奥古斯丁修道院伦敦第一任主教梅利图斯的墓碑。碑上文字：梅利图斯，伦敦第一任主教，604年在位，坎特伯雷的第三任大主教，619—624年在位，卒于624年

萨顿胡船棺葬

萨顿胡船棺葬于1939年出土。它与以前发掘的不列颠墓葬截然不同。在挖掘过程中，挖掘人员发现了一艘30米长的像木船的船的遗骸，这是在英格兰发现的最大的盎格鲁-斯堪的纳维亚像木船，船的中心是一个墓室，里面装有武器、盔甲（包括图片中的头盔）、硬币、银器皿、号角杯、和七弦琴等不计其数的随葬品。每件随葬品都材质优良，工艺精湛，显然是位国王的墓葬，只可惜这位国王的确切身份使我们不得而知。

信仰更替

在信仰更替频繁的年代，
战争的结果决定了信仰的归属

597年，40名意大利人在肯特王国最远端东南角的塔内特岛瑟瑟发抖。他们在焦急地等待着肯特国王埃塞尔伯特。来到这里并非他们的本意。一年前，教皇格雷戈里产生了一个疯狂的想法——希望异教徒盎格鲁-撒克逊人皈依基督教，于是他们便被派遣至此。据格雷戈里所说，他看到一群在罗马市场上售卖的盎格鲁-撒克逊金发青年奴隶，他曾问他们来自哪里。得知他们是盎格鲁人时，格雷戈里说在他眼中他们不是盎格鲁人，而是天使，并立即萌生了派遣使团将他们带出黑暗的想法。

最适合的人选当然就是罗马科利安山（Coelian Hill）圣安德鲁修道院（Saint Andrew）的僧侣，格雷戈里的挚友奥古斯丁毋庸置疑成为使团的领队。当奥古斯丁裹紧斗篷，迎着冷风，矗立在塔内特岛的白雾中，俯视着广袤无垠的旺特苏姆海峡（Wantsum Channel）和过往的船只时，他不禁想，有友如格雷戈里，真是"三生有幸"。为了到达这个与文明隔绝了近两个世纪的"黑暗角落"，他和同伴冒着生命危险穿越大洋的危险水域。这里与温暖碧蓝的地中海水域截然不同。现在他们需要在海风中等待国王的接见。好在虽然埃塞尔伯特是异教徒，但他的妻子伯莎（Bertha）——墨洛温王朝第一位国王克洛维（Clovis）的曾孙女——是基督徒。这个所谓的野蛮人埃塞尔伯特至少是半文明的野蛮人。

王船停在了海岸线，埃塞尔伯特带着随从们下了船。奥古斯丁看到随行的还有他的王后及王后的牧师柳德哈德（Liudhard）时，非常高兴。国王和王

▲ 萨顿胡船棺葬的主人可能是雷德瓦尔德。墓室建在一艘巨大的船上，船体被掩埋，形成了一个俯瞰德本河（the River Deben）河口的土丘

通过与伯莎的联姻，埃塞尔伯特比其他不列颠国王更为富有。

后婚约的前提是，伯莎在嫁给埃塞尔伯特后可以保持她的宗教信仰，而且一位法兰克牧师可以作为随嫁人员一起前往肯特王国，方便她随时聆听布道。

国王的保安官引领奥古斯丁一行登岛，并转达了国王的期盼。但等待国王期间，有消息传来，国王不敢在室内接见这群远道而来的僧侣，惧怕他们对他施咒。显然，说到魔法，露天环境确实更安全。奥古斯丁用斗篷裹紧肩膀——这个国家的风似乎从未停止——他一直翘首以盼国王的到来。

基督教一度在不列颠绝迹后，将随着盎格鲁-撒克逊人重返英格兰。至少，比德的《英格兰人民教会史》（Ecclesiastical History of the English People）中如是说。

5世纪和6世纪，不列颠的东部和中部地区已被日耳曼异教徒——盎格鲁人、撒克逊人和朱特人（可能还有其他部落，如弗里斯兰人）占领。他们的信仰也取代了罗马凯尔特和基督教信仰。据比德记载，这些信仰基督教的不列颠人被盎格鲁-撒克逊人驱逐，或者在几个世纪的冲突中，不列颠人没有向盎格鲁-撒克逊人宣扬他们的基督教信仰。但显而易见，这两种观点都有些夸大其词。虽然在东部地区，不列颠人流离失所，但在其他地区，有证据表明不列颠人和盎格鲁-撒克逊人的聚居地距离很近，但两个种族之间壁垒森严，无法融合。盎格鲁-撒克逊军队经

▲ 与卡德瓦隆（Cadwallon）对战前，奥斯瓦尔德竖起了木制十字架，并固定在地上

常战胜不列颠军队，并在所辖村庄推广自己的语言和文化。但也有证据表明，在某些地方，盎格鲁-撒克逊人统治下的不列颠人仍保留着自己的信仰，新统治者也不愿意接受战败方的信仰。那个时代，战士们的宗教选择很务实：他们只信奉能让他们获胜的神。

肯特国王埃塞尔伯特被尊为盎格鲁-撒克逊盟主。通常，盎格鲁-撒克逊盟主的崇高地位源于国王的赫赫战功。但奇怪的是，并没有证据可以证明埃塞尔伯特的军事成就。不过，鉴于他统治了肯特王国长达50年（可能超过50年），想必他在军事上一定有过人之处。肯特在埃塞尔

▲ 坎特伯雷大教堂外肯特国王埃塞尔伯特的雕像

品的交易，这些都让肯特国王声望大增。其实，当时国王多是通过金币让战士为自己效力。黄金臂饰频繁见于苏格兰人创造的歌曲之中，并被诗人和歌手广为流传，成为盎格鲁-撒克逊王国的集体记忆和象征。通过与伯莎的联姻，埃塞尔伯特获得了比不列颠其他任何国王更多的财富。他利用这些财富巩固了长达半个世纪的统治和盎格鲁-撒克逊盟主的地位，这样长的统治时间史无前例。

对奥古斯丁来说，改变国王的信仰至关重要。国王祈祷时，整个王国都会随之祈祷。虽然这有些夸大其词，但国王需要让贤人会议①与其步调一致，而他们是这个国家的中坚力量。因此，让不列颠最重要的国王改信基督教将是盎格鲁-撒克逊人皈依的关键所在。埃塞尔伯特最初很谨慎，正如他不在室内与奥古斯丁会面，但在王后的影响下，他很快就改信了基督教，并于601年受洗。埃塞尔伯特支持新宗教，并让奥古斯丁和他的同伴在两座建于罗马时代的教堂（圣马丁教堂和基督城教堂）中任职。在埃塞尔伯特的支持下，奥古斯丁的任务进展顺利：604年，东撒克逊国王皈依；不久之后，东安格利亚国王雷德瓦尔德对宗教采取宽容政策，在他的圣所中同时供奉着新神基督和旧神。

616年，埃塞尔伯特离世。他的王后伯莎先于他去世，他再婚，新妻子是当地贵族。埃塞尔伯特去世后，为了巩固统治，他的儿子伊德伯德（Eadbald）娶了埃塞尔伯特的遗孀，他之所以放弃父亲的宗教信仰，大抵也是为了获得那些没有改信基督教的大家族的支持，就像东撒克逊国王

伯特统治下之所以能够国力鼎盛，是因为它与海峡对岸的法兰克王国的密切联系——埃塞尔伯特与法兰克公主伯莎的联姻进一步巩固了两国邦交。与墨洛温王朝的联姻极大提高了埃塞尔伯特的声望。与不列颠的小王国相比，当时的墨洛温王朝幅员辽阔，并掌控着大陆贸易网和高价值商

---

① 盎格鲁-撒克逊时期一个重要政治机构，国王主持召开会期不定、人数不等的高层会议。与会者主要有被称为"贤者"或"智者"的高级教士和世俗贵族，包括国王的近臣、王族宠幸和地方长官等。

异教崇拜
盎格鲁-撒克逊的异教信仰

由于没有文字记载，我们对盎格鲁-撒克逊的异教信仰了解甚少，只知道他们崇拜日耳曼诸神——蒂尤（Tiu，日耳曼神话中掌管天空与战争的神）、沃登（Woden，北欧神话中掌管文化的神）、索尔（Thunor，天空之神）和芙蕾雅（Freia，爱神、战神与魔法之神），盎格鲁-撒克逊人用这些神的名字分别命名了星期二、星期三、星期四和星期五。而复活节的传统，让我们至今铭记伊奥斯特（Eostre）女神。只可惜这些神的故事已经残缺不全，我们只能拼凑出他们的祭祀方式。

异教更注重仪式而非信仰。通过献祭，通常是动物，偶尔也有活人献祭，人们祈求神的祝福，从而确保恳求者的财富或神圣的祝福（hál，古英语单词）。他们通过词根hál衍生出"强壮"（hale）和"健康"（health）两个词。

异教徒的避难所通常是小树林或空地，比如马瑟菲尔德战役（the Battle of Maserfield）后，彭达就在树林中将奥斯瓦尔德的头和手臂砍下并举行祭祀仪式。教徒的避难所后被称为hearg，英语译为哈罗山。异教的祭司职位可以继承。与其他贵族不同，祭司不能使用武器，也不能骑马。

▲ 在北欧传说中，沃登被称为奥丁。流传下来的北欧语众神故事远比古英语的要多

去世时，东撒克逊人也开始抵制新教一样。至此，让盎格鲁-撒克逊人改信基督教的任务眼看就要功亏一篑。

同时，在东安格利亚，逃亡王子埃德温在雷德瓦尔德国王处避难。诺森布里亚埃塞尔弗里斯国王（与埃德温的妹妹阿查成婚）四处追捕他。埃塞尔弗里斯是不列颠最令人闻风丧胆的战士国王，得知埃德温的下落后，他一次次威胁雷德瓦尔德，让他杀死埃德温，并双手奉上埃德温的尸首。由于惧怕埃塞尔弗里斯，雷德瓦尔德一直犹豫不决。他的妻子劝说他承担庇护者的责任，他于是下定决心，决定战斗。在埃德温的陪伴下，雷德瓦尔德带领军队，在伊德尔河畔（River Idle）打了埃塞尔弗里斯一个措手不及，杀死了这个被誉为"龙卷风"的国王。肯特国王埃塞尔伯特去世后，雷德瓦尔德成为盎格鲁-撒克逊势力最强大的国王，他随即辅佐埃德温当上了诺森布里亚的新任国王。

萨顿胡船棺葬的遗骸至今身份不明，但很可能是东安格利亚国王雷德瓦尔德。我们不知道他

▲ 中世纪早期，奴隶和猎犬是不列颠的主要出口产品，因此格雷戈里在罗马市场上看到盎格鲁-撒克逊奴隶也就不足为奇了

究竟何时去世，大抵是626年左右。他去世后，诺森布里亚国王埃德温成为这片土地上最强大的国王，自登基以来，他一直稳步吞并小王国。他的第一任妻子过世后，他开始寻找新王后。

埃德温选中了肯特王国埃塞尔布尔家族（Æthelburh）信仰基督教的女孩儿——埃塞尔伯特国王的女儿埃塞尔布尔。埃塞尔布尔的兄弟埃德巴尔德放弃了异教信仰，改信了基督教。埃德温的父亲不是盎格鲁-撒克逊王国的领军人物，因此能与最古老的盎格鲁-撒克逊王国肯特结盟是埃德温当时最好的选择。但婚姻的前提是，埃德温虽然是异教徒，但必须同意埃塞尔布尔像她母亲一样，可以继续坚守自己的信仰，并允许意大利的保利努斯（Paulinus）作为随嫁人员随新娘北上。

埃德温一直小心谨慎，他很清楚这桩婚姻实际上是改变宗教信仰的试探。在妻子和保利努斯的影响下，埃德温重新审视这一问题。但最终的决定权还在贤人会议。埃德温召集了贤人会议，信仰之争已不容忽视。据记载，当时在场的一名

精灵和矮人

盎格鲁－撒克逊人相信的精灵与莱戈拉斯（Legolas）[①] 完全不同

除了众神，盎格鲁-撒克逊人还相信许多其他超自然生物，比如精灵和矮人。

传说这些超自然生物有时会帮助人类，但更多的时候会伤害人类，尤其是精灵（古英语中的"ælf"）。因为精灵被认为可以将隐形飞镖射入人的体内，让人突发疾病，所以当时就有克制"精灵法术"的符咒。也正因如此，人们经常在精灵聚居地附近举行祭祀仪式。虽然精灵很危险，但也会给人们带来好运。许多父母给孩子起名字时都使用"ælf"前缀，比如阿尔弗雷德，想来父母不太可能用无情的恶毒生物作为孩子的名字。

矮人生活在谷仓和山里，如果铁匠向他们寻求帮助，他们可能会施以援手。矮人不像精灵那样善变，只要能给他们想要的东西，他们就会帮忙。但是，如果有人胆敢欺骗他们，那就要大祸临头了。他们很记仇，而且睚眦必报。

---
① 小说《魔戒》中的角色。

▲ 复原场景，即遗骸在萨顿胡船棺葬中的放置方式

林迪斯法恩修道院成为盎格鲁-撒克逊基督教的圣地，圣卡斯伯特（Saint Cuthbert）的遗骸和《林迪斯法恩福音书》安放于此。《林迪斯法恩福音书》被誉为中世纪早期艺术的杰作

战士站起来,把当时的世界比作一个灯火通明的大厅,可以抵御冬天的冷风和严寒。一只鸟在光线和温暖中飞了几分钟,随即又飞到了黑夜里。他说,这就是人的生活,对于祖先和未来子孙的生活,人们一无所知。如果新宗教能够教会人们更多关于起源和命运的知识,那么改信新宗教也未尝不可。

贤人会议最终被说服了。保利努斯开始了布道和洗礼。埃德温接受了新的信仰,在他统治时期,所有盎格鲁-撒克逊人都将接受新的信仰。但事实证明,上帝并不总是站在他的身旁。632年10月12日,埃德温与格温内斯(Gwynedd,现北威尔士)不列颠国王卡德瓦隆和麦西亚国王彭达交战,结果埃德温战败,而且是惨败。战后,埃德温和他的儿子落入敌手,并被处决。

埃德温的王国分崩离析。埃塞尔布尔王后带着年幼的王子仓皇出逃(参加战争的是埃德温前妻的儿子),保利努斯伴她左右。他们带着所有能带走的物品从约克乘船返回肯特王国。保利努斯离开后,诺森布里亚人不再相信新宗教。他们的新国王被卡德瓦隆残忍杀害。

再来看看北方。奥斯瓦尔德王子在达尔里亚塔王国(kingdom of Dál Riata)流亡,他是众望所归的王位继承人。奥斯瓦尔德是埃塞尔弗里斯的儿子,埃德温杀死他的父亲之后,他与母亲和弟弟奥斯威一起逃亡在外。在流亡期间,奥斯瓦尔德接受了新信仰,学习了教义,并从爱奥那的僧侣那里领略了新宗教之美。

634年,流亡王子奥斯瓦尔德回国,在海文菲尔德战役(Heavenfield)中与卡德瓦隆交战,王子大获全胜,并杀死卡德瓦隆。奥斯瓦尔德用7世纪最普遍的夺权方式,从流亡王子一跃成为这片土地最强大的国王。埃德温皈依基督教多是出于政治原因,但奥斯瓦尔德的皈依是发自内心的。他将海文菲尔德战役的胜利归功于爱奥那修道院的创始人圣哥伦巴(Saint Columba)的代祷[①],于是立即派人到爱奥那邀请僧侣,并让他的国民改信基督教。

前来的僧侣是艾丹(Aidan)。艾丹在林迪斯法恩的潮汐岛修建了一座修道院,从班堡的皇家园林可以眺望这座修道院。在国王的口头支持下,他劝说诺森布里亚人皈依。在艾丹学会英语前,国王为他担任翻译。国王和修道院院长一起开了先河:即使国王离世,王国也不会因此而覆灭。在位8年后,奥斯瓦尔德在与麦西亚的彭达对阵中战死,当时很多盎格鲁-撒克逊国王试图通过受洗与奥斯瓦尔德结盟,可是彭达却一直不为所动,坚守着自己的信仰。

虽然奥斯瓦尔德已经去世,但王国仍然团结一心,艾丹的布道和新宗教就是国民的黏合剂。奥斯瓦尔德的弟弟奥斯威继任后,诺森布里亚国力减退,无法与彭达抗衡,因此在接下来的13年里,彭达横行霸道,甚至可以随意罢免国王。

655年,奥斯威对彭达的压迫忍无可忍,决定孤注一掷。尽管彭达的军队人数更多,但奥斯威毫不退缩。655年11月15日,两军在利兹附近的温韦德河(River Winwæd)相遇,当时下着瓢泼大雨。出人意料的是,彭达的军队溃败逃跑,死在泛滥的洪水中的士兵比战死沙场的还要多,彭达也丢了性命。盎格鲁-撒克逊人最后一位异教徒国王殒命沙场。战争就此偃旗息鼓。

---

① 由信徒为其他有需要的人祈求神的恩惠。

维京人突袭林迪斯法恩的情景

早期维京入侵

从林迪斯法恩到异教徒大军

原本应该为人们所铭记的比杜希尔德（Beaduheard）现在并不为人所知。他是国王的保安官，掌管多塞特郡（Dorset）的多尔切斯特（Dorchester）。789年，他收到消息，一群异乡人在波特兰附近的海岸登陆。波特兰可能是当地重要的贸易基地（也因此一直都是维京人袭击的目标）。这些异乡人的身份需要核查，所以比杜希尔德开始着手进行调查。

他到达后发生了什么并无明确记载。也许是语言差异，也许是有人故意为之，但最终的结果是两个种族产生了分歧，比杜希尔德被杀害，他是目前已知的第一个被维京人杀害的英格兰人。杀害他的凶手来自斯堪的纳维亚半岛，应该是挪威西南部的霍达兰地区（Hordaland）。

这是首个关于维京人袭击英格兰的记载。不过这绝不是维京人第一次侵犯英格兰，可能是之前没有记载，也可能之前的记载遗失了。因为有迹象表明以前也发生过类似事件，比如麦西亚国王奥法（796年逝世）统治时期的宪章中就明确要求建造沿海防御工事以对抗"异教入侵者"，这些入侵者很可能就是维京人，所以，从那时起英格兰就不断受到来自北方袭击者的侵扰。

虽然波特兰事件令人痛心，但在那个混战的年代，这样的事件并不罕见。接踵而来的突袭发生在不列颠群岛的另一端。上一次的袭击目标是威塞克斯王国，这一次是东北部的诺森布里亚王国。

林迪斯法恩是盎格鲁-撒克逊的圣地。盎格鲁-撒克逊的圣卡斯伯特的遗体就安放在林迪斯法恩修道院。也许在今天看来，林迪斯法恩修道院远离英国的中心，但8世纪末，它却是文化和体育的中心。天气晴朗时，从林迪斯法恩修道院可以眺望几英里外的诺森布里亚的班堡古堡。这一盎格鲁-撒克逊人最古老的英格兰聚居地仿佛一直遥望监视着林迪斯法恩教堂，虽然林迪斯法恩的忠诚毋庸置疑。

793年6月，维京人突袭了修道院，他们从海上登陆时，僧侣们丝毫没有察觉，可能维京人

▲ 无骨者伊瓦尔和乌巴袭击英格兰，摘自 15 世纪的手稿

对这里的地形了如指掌。林迪斯法恩名声在外，而且非常富有。维京人很可能之前曾与林迪斯法恩有过贸易往来，并察觉到这里守卫松懈。前一天扮成商人，第二天就成为入侵者，是维京人惯用的伎俩。他们似乎可以审时度势，随意转变身份。

林迪斯法恩燃起了熊熊大火，宝藏被洗劫一空（对维京人来说只有金银是宝藏，他们对藏书毫无兴趣，除非藏书精美华丽）。僧侣们被残忍地屠戮。另一个战利品，似乎更加残忍，但是却更具诱惑：奴隶。维京人从奴隶买卖中赚取了高额利润，对他们而言，健康的年轻男子、美丽的妇女和儿童都是奇货可居的商品。因此，维京人从林迪斯法恩抓走了大批奴隶，未来他们也屡试不爽。

诺森布里亚学者阿尔琴（Alcuin）在神圣罗马帝国皇帝查理曼大帝的宫廷任职，他得知这一消息，十分震惊。在他看来，维京人是上帝的复仇者，他们的入侵是上帝对诺森布里亚人（无论是民众还是教士）罪恶生活方式的可怕惩罚。后世很多评论家也认同这一观点——散漫的生活，异教徒的穿着，一再激怒上帝。诺森布里亚人需

▲ 793年，维京人袭击林迪斯法恩，在欧洲引起了极大的反响

要改变他们的生活方式，否则更多的袭击将随之而来。

袭击也确实随之而来了。杰罗-蒙克韦尔茅斯修道院（Jarrow-Monkwearmouth）和哈特尼斯修道院（Hartness，后来的哈特尔普修道院）相继遭受袭击。但到9世纪的前几十年，就再也没有维京人袭击英格兰的记载了。这并不意味着维京人就此销声匿迹；相反，这段时间，维京人在爱尔兰和苏格兰非常活跃。

836年，维京人再次袭击威塞克斯，目标是萨默塞特郡的卡汉普顿（Carhampton），这里是重要的皇家庄园。在对抗维京人的战斗中，威塞克斯国王埃格伯特（Ecgbert）战败。不过，不久之后，他在塔马河（the River Tamar）附近的兴斯顿镇（Hingston Down）击败了一支维京-康沃尔联合军队，一雪前耻。康沃尔先前被西撒克逊人征服，也许对一些康沃尔人而言，比起臣服于威塞克斯，与维京军队结盟是更好的选择。维京人非常善于找到与盟友的利益共同点。

9世纪50—60年代，维京人的袭击愈加猛烈。851年，一支维京军队在肯特王国的塔内特原地过冬。这也意味着维京人对于他们袭击所能达到的广度越来越自信。这一时期，恰逢爱尔兰的反抗活动激增。英格兰王国和爱尔兰王国不是政治盟友，不会联合抵抗维京人，因此维京人可以在两个主要岛屿之间肆意穿梭侵扰。

865年，反抗活动如火如荼，异教徒大军也大举进攻。据称，这次进攻的统帅是大名鼎鼎的拉格纳·洛德布鲁克（Ragnar Loðbrok）的三个儿子哈夫丹（Halfdan）、乌巴（Ubba）和伊瓦尔（Ivarr，威名远播的无骨者伊瓦尔）。他们首先打败东安格利亚，让国王埃德蒙为他们提供马匹和食物。这支强大的部队随后占领了约克（盎格鲁-撒克逊人称其为伊奥弗维奇），他们将约克作为其在英格兰最重要的定居点，更名为乔维克（Jorvik），并处决了国王埃勒。据说，埃勒被处以"血鹰"之刑，这种刑法令人毛骨悚然。

维京人随后击败麦西亚，俘虏了国王后返回东安格利亚。他们在东安格利亚建立了自己的政权，并杀死了埃德蒙国王。据记载（由后世记载），和圣塞巴斯蒂安（Saint Sebastian）一样，埃德蒙国王也被绑起来乱箭射死。埃德蒙无疑是英格兰最著名的殉道国王，也是杰出的圣人。而且讽刺的是，在他死后，许多信奉基督教的维京人在英格兰建立了自己的家园。

威塞克斯现在孤立无援。870年，异教徒大军大败威塞克斯。伊瓦尔当时不在军中，那时他一直活跃在苏格兰和爱尔兰。军队由新统帅哈夫丹和古瑟罗姆统领。在接下来的一年中，异教徒大军长驱直入，先后发动了九场战争和不计其数的小规模战役。据说盎格鲁-撒克逊人在阿什当大败异教徒大军，但也是于事无补。

维京军队继续向前推进，在贝辛（Basing）、梅里特（Meretun）和威尔顿（Wilton）连连获胜。在此期间，威塞克斯国王埃塞尔雷德一世去世，可能死于战斗中的创伤。他的继任者是他经验不足的弟弟阿尔弗雷德。阿尔弗雷德在战争中迅速成长，并与维京部队谈判休战，为此他免不了要割地赔款。也许是维京人对他们长期进攻的成果心满意足，也许是他们也需要修整集结，总之，他们暂时离开了威塞克斯。虽然维京人很快就会卷土重来，但是这短暂的空档让即将声名鹊起的阿尔弗雷德有机会重整旗鼓，运筹帷幄。

维京人名字的由来

关于维京人名字的由来，有几种说法。一种说法是来源于古老的挪威单词"vik"，意思是小溪或海湾，指的是他们停泊船只的港口。另一种说法认为，这个名字源自挪威奥斯洛峡湾（Oslofjord）周围的维京人生活区。这一说法不甚准确，因为许多维京人生活在挪威的其他地区，以及瑞典和丹麦，甚至更远的地方。在古挪威语中，"go a-viking"（fara i viking）是指突袭，所以这个词最有可能的起源是代指"突袭者"。

他们很少被受害者称为维京人。在《盎格鲁-撒克逊编年史》中，他们经常被称为丹麦人，而在其他地方，如在弗兰西亚（涵盖现代法国、低地国家和德国大部分地区），他们被称为北方人，"诺曼人"一词就由此衍生。关于袭击者的特定民族血统的说法也为人诟病。例如，入侵英格兰的所谓丹麦军队中经常有来自瑞典和挪威的战士。甚至有考古证据表明，有些士兵来自遥远的芬兰、波兰和白俄罗斯。

▲ 维京人经常被描述为突袭者

阿尔弗雷德大帝与维京人

战败的国王韬光养晦,卧薪尝胆,
成为英格兰历史上最著名的君主之一

威塞克斯大雨倾盆,地面坑洼不平。一道闪电划破夜空,大地又重归黑暗。在随从的护卫下,阿尔弗雷德在雨中奔逃,气喘吁吁,踉踉跄跄。他们脸色苍白,瑟瑟发抖,浑身湿透。

"咱们得先找地方避避雨。"刚说完,阿尔弗雷德的脚就被树根卡住,陷进了泥里。"陛下。"他的随从伸出手来,但阿尔弗雷德摇了摇头,站了起来。他气喘吁吁地站在开阔的平原回望那片曾经属于自己的土地。威塞克斯的城镇现在只是远处的微光。在那里,他长大成人;在那里,他射杀了第一头野猪;在那里,他成为父亲。现在,那里却属于他的敌人,他被流放了,被那些他认为的忠臣背叛了。他不再是国王,更不是"大帝"。

其实,阿尔弗雷德并非天选之子。他体弱多病,而且,他只是父亲的第五个孩子,因此阿尔弗雷德似乎更有可能担任神职,而且他也乐意为之。虽然他并非懦夫,但比起那些好战的兄弟,他更温和体贴。然而,他却出生在一个动荡的混战时代。

793年袭击林迪斯法恩修道院后,维京人在不列颠各地的袭击频率和程度都有所增加。865年,一支庞大的军队乘船而来,与之前快速掠夺式的袭击不同,这支军队并不打算抢完就走,他们想要征服。当时的威塞克斯王国王位更替频繁。阿尔弗雷德的父亲——在位20年的威塞克斯国王离世。父亲的继任者,即两个年长的儿子也相继去世。865年,阿尔弗雷德的哥哥埃塞尔雷德继任。

866年，维京军队发动进攻。他们一路烧杀抢掠，摧毁所到国家。东安格利亚、诺森布里亚，以及威塞克斯的北部邻邦麦西亚都被维京人占领。也有国王奋起反抗，如东安格利亚国王埃德蒙，但无异于以卵击石，他们都被处以极刑。其他盎格鲁-撒克逊国家战败后，威塞克斯王国便成了"孤家寡人"。

维京人雷厉风行，不断发起进攻。870年冬天，他们占领了雷丁（Reading）。在恩格尔菲尔德（Englefield），维京人遇到了一小股盎格鲁-撒克逊军队，并意外战败。在胜利消息的感召下，年轻的国王和他的弟弟决心反抗侵略者。埃塞尔雷德和阿尔弗雷德集结部队，乘胜突袭维京人在雷丁的营地。

虽然信心满满，但兄弟二人缺乏战争经验，

阿尔弗雷德大帝的传奇人生

据说，年仅4岁的阿尔弗雷德曾前往罗马会见教皇，教皇属意"任命他为国王"。这令所有人大为吃惊，因为阿尔弗雷德是威塞克斯国王的第五个儿子，这也许意味着年轻的王子会被教会选中担任神职。

◀ 阿尔弗雷德在战斗中英勇凶猛，像"野猪"一样无畏

关于阿尔弗雷德的传说

学东西很快

阿尔弗雷德的母亲向孩子们展示了一本精美的撒克逊诗集，并允诺，谁先记住这些诗，这本书就属于谁。阿尔弗雷德很着迷，但他当时太小不认字，所以他把书带给老师。老师读给他听，他很快就记住了这些诗。于是，母亲把这本书奖励给了阿尔弗雷德。

盎格鲁－撒克逊王国

- 凯尔特人国家
- 盎格鲁－撒克逊人国家

诺森布里亚王国
麦西亚王国
东安格利亚王国
威尔士
威塞克斯王国
埃塞克斯王国
肯特王国
萨塞克斯王国
朱特人国家

所以结局不尽如人意。开始，他们占据上风。但城门被攻破后，大批杀红了眼的维京人一拥而入，威塞克斯军队溃不成军。他们四散奔逃，逃亡数英里。对于这位未来的"大帝"，这简直就是奇耻大辱。

这场胜利使维京人士气大振。英格兰其他地区已经不再构成威胁，威塞克斯现在孤立无援，于是他们向威塞克斯的中心发起猛攻。入侵者人数众多，支离破碎的威塞克斯军队只能眼睁睁看着维京人向首都挺进。尽管盎格鲁—撒克逊人英勇抵抗，但战争瞬间演变成了一场屠杀。当兄弟俩筋疲力尽地抵抗维京人的第九次进攻时，威塞克斯军队惊慌失措、弃战而逃。

盎格鲁-撒克逊人尸横遍野，国王也身受重伤，战后不到一个月就撒手人寰。紧接着又有一支新的维京舰队大军压境。

埃塞尔雷德子嗣众多，但都太过年幼，威塞克斯的命运岌岌可危。人们一致推举阿尔弗雷德为新任国王，希望这位强大的统治者能够团结各方力量，从失败的深渊中夺取胜利。

没有哪位英格兰国王比阿尔弗雷德担负更加沉重的历史使命。871年，年仅22岁的阿尔弗雷德继承王位。当维京军队艰难地穿过威塞克斯，逼近首都时，阿尔弗雷德决定按照自己的方

盎格鲁－撒克逊战士图鉴

盾牌
盾牌是盎格鲁－撒克逊战士最重要的装备之一。盾牌不仅可以抵御敌人的攻击，还可以向前推进并突破敌人的防线。盾牌墙被攻破的一方注定失败，因此固若金汤的盾牌墙在战争中必不可少。

矛
矛应该是最常见的盎格鲁－撒克逊武器，通常与盾牌墙战术齐头并进，被当作标枪投掷和刺击武器。矛头的大小和材料差异很大，长度也从大约5英尺[①]到超过9英尺不等。

[①] 1英尺约为0.3048米。

头盔
盎格鲁－撒克逊头盔被称为"helms"，由于没有考古证据，许多人认为头盔并不常用，或者是由皮革等易腐烂的材料制成的。目前最早的盎格鲁－撒克逊头盔出土于萨顿胡船棺葬，可以追溯到6世纪。

剑
剑非常珍贵，也是身份的象征。不是所有的士兵都可以佩剑。打造剑刃不是将铁矿石熔化，而是将小铁块焊接而成。剑经常用铭文装饰。之前出土的一把6世纪的剑上就刻有"西格默铸"的铭文。

法解决问题。他打算在威尔顿进行阻击,威尔顿距离他的首都温彻斯特不到30英里。

显而易见的是,虽然阿尔弗雷德一直在努力迅速组建军队,但维京军队的规模更大、人数更多,装备也更为精良。维京人的队伍中有很多虎视眈眈的野心家和为钱舍命的战士。但这是阿尔弗雷德继任以来的第一场战斗,他别无选择,只能亲自督战。他命令手下组成盾牌墙抵抗强大的敌人。也许上天也会眷顾那些英勇保卫家园之人,威塞克斯的部队守住了自己的阵地。尽管数量不占优势,但是他们用意志摧毁了敌人的盾牌墙。看着逃跑的维京人和周围欢呼庆祝的士兵,阿尔弗雷德仍不敢相信这来之不易的胜利。

但年轻的阿尔弗雷德犯了一个致命错误。他没有乘胜追击。维京人重新集结军队,蜂拥而归。威塞克斯军队始料未及。于是,胜利变成了屠杀。这次轮到威塞克斯人亡命逃窜了。

对阿尔弗雷德来说,这次失败最为惨重。他的残余部队已经分崩离析。他目睹了所有其他王国的衰落,而他自己的王国似乎也在所难免地重蹈覆辙。从来没有哪个王国像威塞克斯一样殊死抵抗。维京人虽然打赢了这场恶战,但也伤亡惨重。

双方兵力耗尽,此时,阿尔弗雷德与维京人进行了"和平谈判"。他很可能通过割地赔款以换取"和平",而且这一"和平"也真的维持了数年。然而,876年,阿尔弗雷德又有了新对手——维京国王古瑟罗姆。

古瑟罗姆相当狡猾,他率军穿越威塞克斯的中心,从阿尔弗雷德的眼皮底下夺取了沃勒姆镇(Wareham)。尽管他们签订了和平条约,但数百艘维京船只的到来表明两国关系剑拔弩张。随着军队的增援,古瑟罗姆意在夺取阿尔弗雷德在奇彭纳姆(Chippenham)的要塞。他不想速战速

寻找国王的遗骸

我们不知道阿尔弗雷德的具体死因,但众所周知,他一生都饱受克罗恩病[①](Crohn's disease)的折磨。899年,阿尔弗雷德被暂时安葬在温彻斯特的旧敏斯特教堂,4年后被迁入新敏斯特教堂。据说,迁陵是因为总有人看到他的身影在教堂里徘徊。但更可信的理由是,新敏斯特本就是专门为他建造的安息之所。然而,他并没有就此安息。1110年,阿尔弗雷德的尸体连同僧侣们一起被转移到海德修道院。1539年,亨利八世统治期间,教堂被拆除,但坟墓完好无损。

1788年,该地被用于建造监狱。但在此之前,该遗址未被破坏。服刑犯可能在清理废墟时发现了棺材,便将宝物据为己有,却将骸骨随意丢弃。1846—1850年,监狱被拆除。在1999年的挖掘中,考古学家不仅发现了修道院的地基,还发现了一些骸骨。可惜,这是一具老年妇女的骸骨,其余的挖掘品均被放在温彻斯特博物馆的储藏室里。2014年,有消息称,骸骨中有一块盆骨碎片应该属于一名年龄在26—45岁之间的男子,死亡时间在895年至1017年之间。尽管尚未证实,但根据年龄和死亡时间推测,这块骸骨很可能属于阿尔弗雷德或他的儿子爱德华。

---

① 局限性肠炎。

▲ 阿尔弗雷德下令建造一支小型长船舰队

▲ 古瑟罗姆和阿尔弗雷德依据《阿尔弗雷德和古瑟罗姆条约》划分领土

决,他想要征服威塞克斯,所以他必须先摧毁威塞克斯的精神支柱——阿尔弗雷德。

古瑟罗姆的进攻计划详细周密。第十二夜[①]是整个国家的庆典,也是吃喝玩乐的狂欢季的开端。威塞克斯的所有国民,无论是国王还是农民,全都参加了庆祝活动,奇彭纳姆的防御工事疏于防范,无人防守。古瑟罗姆抓住这一契机,快速占领了奇彭纳姆。阿尔弗雷德根本没有时间召集军队,只能带着家人仓皇逃到威尔特郡（Wiltshire）。随后,维京国王以其绝对实力让威塞克斯的贵族们逐个臣服。威塞克斯的领导层土崩瓦解,阿尔弗雷德在无人增援的情况下逃到了黑暗的荒野。

对阿尔弗雷德来说,这是奇耻大辱也是他人生的最低谷。他并不在意财富的损失,因为盎格鲁-撒克逊国王不是靠财富巩固统治,而是靠与盟友并肩作战。但现在,他没有同伴,孤身一人。在这个忠诚至上的世界里,他被放逐了。一连串猝不及防的残酷背叛之后,他实际上成了孤家寡人。

---

① 主显节前夜。主显节是东正教庆祝耶稣诞生的节日。

身处绝境的阿尔弗雷德不肯向命运低头，他决定反击。他和一小群追随者在萨默塞特郡阿塞尔尼（Athelney）的沼泽地里安营扎寨，并以此为基地进行偷袭。几个月来，阿尔弗雷德带领手下与维京人展开游击战，他们会偷偷溜出萨默塞特郡，杀死经过的维京人小分队，抢劫营地，寻找敌人的弱点。他们的头号目标是背叛阿尔弗雷德的英格兰人，他们希望通过这种方式告知国民，国王并没有抛弃他们。

消息很快传遍了全国。那些忠诚之士倍感欣慰，因为国王会重整旗鼓，把他们从侵略者手中解救出来。流亡的国王和他忠诚的伯爵之间慢慢地形成了秘密的通信网络。对古瑟罗姆而言，阿尔弗雷德的这群残兵败将是他完全控制威塞克斯的最后绊脚石，他想一劳永逸地消灭这些顽固的害虫。

4月中旬，阿尔弗雷德已经做好了战争准备，他发出密信，召集支持者。一支由数千人组成的军队前往古瑟罗姆在奇彭纳姆的要塞。古瑟罗姆很快获悉，集结军队前往拦截。割让和承诺化为乌有。古瑟罗姆并不看重阿尔弗雷德能给他多少财富，他想要的是至高无上、无可匹敌。无独有偶，阿尔弗雷德亦是如此。

到达奇彭纳姆之前，阿尔弗雷德就看到了敌人，高大威猛的维京人组成的盾牌墙来势汹汹，他们不断嘲笑着这位流亡的国王。阿尔弗雷德匆忙筑起自己的盾牌墙，他身体力行，发表了激动人心的演讲。他号召军队鼓起勇气，诅咒逃兵，并向奋战到底的士兵承诺荣耀。然后他转身投入盾牌墙，向前挺进。

两堵墙相互逼近，长矛遮天蔽日。众人纷纷倒地，但双方仍稳步推进。当维京人嘲笑他们的对手时，阿尔弗雷德发出了令人振奋的呐喊。盾牌墙只剩下几英尺的距离，这时，维京人使出了最后的杀手锏。他们派出了狂暴的野蛮战士（在制幻剂的作用下残忍的嗜血士兵）。他们赤裸上身，撞向威塞克斯人的盾牌墙，却未能得逞。盎格鲁-撒克逊人筑起的盾牌墙固若金汤，他们很快就屠杀了这些野蛮战士。两道盾牌墙撞在一起之时，盎格鲁-撒克逊人使出了洪荒之力。双方挥舞着长矛，不顾一切寻找弱点，强行撕开对方的防线。战斗一直持续到下午，尸横遍野，幸存者都筋疲力尽。力量之战开始变为耐力之战。在兵力不分伯仲的情况下，意志更为坚定的一方才能成为胜利者。显然，维京人落入下风。原因很简单，威塞克斯的勇士比入侵者更心系家园。

最后，维京人的盾牌墙被攻破了。盎格鲁-撒克逊人发起了猛攻。维京军队一片混乱，绝望的士兵四散奔逃。阿尔弗雷德不会再重蹈覆辙，他此前曾付出了惨重代价。这次他带头冲锋，乘胜追击。维京人的鲜血染红了平原。古瑟罗姆逃回了奇彭纳姆，并试图突围，但阿尔弗雷德胜券在握，谁也无法撼动他此时的决心。他在城外集结军队，静候他们主动投降。

14天后，古瑟罗姆的意志被消磨殆尽，恳求阿尔弗雷德放他一条生路，他愿意付出一切，不管是什么条件，他只想回家。古瑟罗姆是历史上第一位向盎格鲁-撒克逊国王求和的维京国王。有些人会狮子大开口，但阿尔弗雷德并没有。他是战士，但并不贪婪。他唯一的条件就是，古瑟罗姆受洗成为基督徒，并由阿尔弗雷德担任教父。古瑟罗姆同意了，为了逃离威塞克斯和阿尔弗雷德，他什么都愿意做。协议达成，这一次维京国王没有讨价还价。之后两人就分道扬镳，阿尔弗雷德回到了首都温彻斯特重建他的国家。

关于阿尔弗雷德的传说

烤糊了的面包

这个传说广为人知。维京人袭击奇彭纳姆后，阿尔弗雷德逃到一位老农妇的家中避难。老妇人不晓得他是国王，但看到他又累又饿，便心生怜悯。于是，老妇人说若是她外出时阿尔弗雷德能帮忙照看烤箱里的蛋糕（小面包），就可以收留他。国王一直冥思苦想，想着如何击退入侵者，结果一时分心走神，把蛋糕烧糊了。老妇人回来时，把他大骂了一顿，说他心不在焉。

让威塞克斯"维京不侵"

阿尔弗雷德打败了维京人,
但他知道必须做好准备,以防他们卷土重来

阿尔弗雷德在各地走访,寻找最具战略意义的地点设置自治市

他们还会回来的。阿尔弗雷德击败了古瑟罗姆,但他知道维京人一定会卷土重来。在此之前,他必须做好充分的准备。

阿尔弗雷德思维缜密,聪慧过人。首先,他要解决"为什么"的问题,即为什么上帝会允许异教徒蹂躏盎格鲁-撒克逊人的基督教王国。阿尔弗雷德不相信偶然,他认为事情的发生都是有原因的,于是他用犹太人在《圣经》中对自己历史的剖析来进行解释。

阿尔弗雷德将英格兰人视为上帝的新选民,认为上帝将他们分开,是为了让他们接受不同的试炼。犹太人认为他们的苦难是因为背弃了祖先与上帝订立的盟约,阿尔弗雷德对威塞克斯的反思结论却不尽相同。与其说是因为他们在道德上背离了上帝(邪恶的诱惑一直存在,而且往往被粉饰一新),不如说是因为他们忽视了学习和教育。7世纪和8世纪涌现了像比德和阿尔琴这样博学的盎格鲁-撒克逊学者,但到了阿尔弗雷德统治时期,教育滑坡,连母教堂坎特伯雷大教堂的抄写员都无法用通俗易懂的拉丁语编写文本。阿尔弗雷德认为,正是没有文化传承,上帝才抛弃了盎格鲁-撒克逊王国。

找到原因后,阿尔弗雷德以身作则,拨乱反正。他12岁时才开始读书识字,但已经早于大多数同龄人了。但阿尔弗雷德窘于不会拉丁语,因为拉丁语是一种学术语言。因此,30多岁的阿尔弗雷德开始学习拉

▲ 阿尔弗雷德与他的学者、神职人员研讨如何复兴王国

▲ 中世纪早期,几乎没有哪个国王像阿尔弗雷德那样喜欢阅读

▲ 自治镇地图（由阿尔弗雷德大帝下令修建或重建的威塞克斯防御工事）

丁语，他要精通拉丁语并能将重要的拉丁语书籍译成英文。阿尔弗雷德决定普及全民教育，他从不列颠及海外招募了最优秀的神职人员，如威尔士人阿塞尔（Asser）、麦西亚人普列格蒙德（Plegmund）、萨克森人约翰和法国人格里姆博尔德（Grimbald）。阿尔弗雷德的宫廷逐渐变成了"国际机构"。

阿尔弗雷德和他的宫廷学者认识到，大多数国民既没有时间也没有机会学习拉丁语。于是他们将一些必读书目译成英文，包括格雷戈里教皇的《对话与教牧关怀》（Dialogues and Pastoral Care）、比德的《英格兰人民教会史》、波伊修斯（Boethius）的《哲学的慰藉》（The Consolation of Philosophy）和《诗篇》（Psalms）的前50篇。这些作品中充斥着精神层面、道德层面和实践中的智慧，涉猎甚广，比如贫困潦倒时《哲学的慰藉》中的建议（阿尔弗雷德本人也曾受益匪浅）和《对话与教牧关怀》中主教采用的方式。

阿尔弗雷德给全国每位主教都分发了一本《对话与教牧关怀》，并听取了格雷戈里的建议：俗世中最好的礼物必须镀金，所以他为每本书都配备了精美昂贵的指读棒。为了将这些知识传授给民众，阿尔弗雷德还建立了一所宫廷学校，不仅教授自己的孩子，还教授贵族，甚至普通百姓的孩子。为了从维京人的蹂躏中重建家园，阿尔弗雷德决定大力推进文化复兴。

阿尔弗雷德肩负着国王的所有职责，但为了成为国民的表率，他每天都抽出时间将拉丁语著

盎格鲁－撒克逊编年史
阿尔弗雷德属意续编该国的历史

所有中世纪早期的国王都非常在意自己的形象，因为形象是国王的金字招牌。它既可以威慑敌人，又可以吸引追随者。为此，阿尔弗雷德委托编写了《盎格鲁-撒克逊编年史》。这是关于岁月的故事，是对战斗和死亡的赤裸描述，也是重要的历史文件，因此值得细细品读。

阿尔弗雷德统治前的盎格鲁-撒克逊历史是拼凑而成的，主要源于比德和各种现有的编年史。这些编年史详细记载了麦西亚、肯特、南撒克逊和西撒克逊王国的历史，其汇编副本流传到各地，成了各地历史的基础。现存有八份手稿，每一份都各不相同，解码其来源、影响和历史是学者们持之以恒的追求。尽管《盎格鲁-撒克逊编年史》中关于阿尔弗雷德的部分历史缺失，但这也许是阿尔弗雷德故意而为之。《盎格鲁-撒克逊编年史》忠于历史，但也受到其观点和写作时间的限制。

▲《盎格鲁-撒克逊编年史》中的一页，记载了阿尔弗雷德和他的哥哥在雷丁和阿什当与维京人的战斗

作译成英文，这也使他卓尔不群。世界上有许多战士国王，也有学者国王，但阿尔弗雷德却两者兼而有之。

阿尔弗雷德一边研究上帝允许维京人蹂躏他的王国的根本原因，一边清楚地意识到自己必须加强威塞克斯的防御。异教徒大军的主要战略优势是其随机性和出其不意。每次与盎格鲁-撒克逊王国的部队作战时，维京人的部队就会躲在防御工事后面，方便乘船逃离，而不是浴血沙场。但是，集结一个地区的军力需要时间，哪怕再拙劣的维京指挥官都可以利用这段时间完成突袭并安全撤离。那些以征服而非突袭为目标的大军也采用了相同的战术；维京人经常会选择在对手的丰收时节或者节日实施突袭。阿尔弗雷德深入分析了现有问题，认真研究了对策。为了压制维京军队的随机性，他需要能够快速集结和移动的部队，成立一支常备骑兵。这与盎格鲁-撒克逊王国以往的做法截然不同，而且战马价格昂贵。《盎格鲁-撒克逊编年史》中对国王的改革成效做了记载，到893年，阿尔弗雷德已经说服、哄骗、收买和诱惑贵族出资购买战马。王国的战士有一半为现役，另一半为预备役。

据《盎格鲁-撒克逊编年史》记载，9世纪90年代，阿尔弗雷德的部队多次追赶维京军队，成效由此可见一斑。中世纪晚期，马属于小型动物，不用于战争。虽然成年马匹比小马大不了多少，但非常适合运送武装辎重较轻的战士。

阿尔弗雷德保留了一半的战士作为后备，也就是说，他们仍然生活在自己的家乡，这也确保了王国的治安，因为这些战士既履行了警察部队的职能，又履行了军队的职能，还能阻止土匪团伙袭击散落的小型农业社区和宗教机构。家里有劳动力，也可以让那些服役士兵不用记挂。

但这支机动部队只解决了部分问题。即使

有骑兵部队，维京人对两栖作战的精通也意味着他们可以在威塞克斯漫长的海岸线或可通航的河流上一蹴而就。为了抵御突然出现的战舰，阿尔弗雷德需要加强王国的防御并让防御覆盖整个疆土。为此，他开始了宏大的建筑计划，这是自七个世纪前罗马人征服不列颠以来耗时最久的建筑计划。阿尔弗雷德在各地建造了堡垒或自治市，每个堡垒都位于战略要地。它们不仅是防御工事，也是城镇，在经济上独立运作，而且能够相互融合构成威塞克斯的防御屏障。三十个自治市覆盖了整个威塞克斯，任何人、任何地方与避难所的距离都不超过32千米，即一天的路程。

自治市保卫着港口、河流、罗马道路和不列颠古老的交通。在已有罗马或铁器时代堡垒的地方，阿尔弗雷德将其重新启用和翻新；在以前没有防御的地方，他就新建。虽无史料记载，但阿尔弗雷德很可能动用常备军建造自治市，因为所有的指挥官都心知肚明，让无聊之人忙碌起来才能避免因闲生事，他们可以去挖沟、搭建栅栏。大多数新自治市都建在阿尔弗雷德现有的皇家园林附近。这些地方已经是要塞，且基本都是靠近皇家庄园的设防城镇，每个地方都可以自卫并向其他城镇提供援助。自治市不仅是堡垒，也是城镇。城镇中的人们是守护自治市的主力，完全可以自保。有的地方，如温彻斯特，阿尔弗雷德只需要扩建；但有的地方，他需要新建城镇。要成为防御堡垒，自治市必须经济独立，因此阿尔弗雷德为每个堡垒分配土地平衡供需，在人口集中地区兴建堡垒进行防御需要动用城镇人力及其贸易财富。阿尔弗雷德的自治市现在已经所剩无几，但像沃林福德（Wallingford）这样有规则网格的街道规划可能就是以此为蓝本。如果事实如此，那么阿尔弗雷德的建筑计划真是大气磅礴，因为沃林福德占地约40公顷。国王"无中生有"，创建了威塞克斯王国的第二大城镇。

为了保障自治市的功能，阿尔弗雷德和他的子孙创建了管理系统，确保为每个自治市分配足够的土地和资源，用于维护和防御。现在威塞克斯已经万事俱备。维京人放马过来吧，如果他们有胆量的话。

▲ 温彻斯特的城墙，温彻斯特是阿尔弗雷德的首都和他加固的自治市之一

▲ 一枚印有阿尔弗雷德名字和肖像的银便士，纪念了从维京人手中夺回伦敦

阿尔弗雷德的珠宝

这件珠宝长6厘米多，宽3厘米，厚1厘米，是盎格鲁-撒克逊重要的王室文物之一。今天，我们之所以能知道是谁下令打造了这件珠宝，是因为珠宝上有铭文"阿尔弗雷德命我制造"（AELFRED MEC HEHT GEWYRCAN）。历史学家非常确定它的用途。当时，阿尔弗雷德大帝向全国分发的《对话与教牧关怀》都配有指读棒，在阅读的时候可以用指读棒指读。历史学家认为这就是这件珠宝的实际用处。

维京人聚居地

丹内劳的发展

阿尔弗雷德击败古瑟罗姆后的疆域从威塞克斯延伸至麦西亚西部（英格兰中部）。其王国西南部是盎格鲁-撒克逊人，东北部是维京人。由此可见，维京人征服的领土，如东安格利亚、麦西亚和诺森布里亚的大部分仍在挪威人手中。随后是一段并不安定的休战期。休战期间也有摩擦，甚至剑拔弩张，尽管如此，休战期还是保持了一段时间的稳定。许多定居者是从斯堪的纳维亚移民过来的，比起过去的烧杀抢掠，他们更喜欢现在不列颠的安定生活。

边界不是固定不变的。比如886年，阿尔弗雷德占领了伦登威克（Lundenwic，今天的伦敦），而伦登威克以前是维京人控制的麦西亚领土。虽然几世纪后它才替代温彻斯特成为英格兰南部的政治中心，但当时伦登威克的重要性就已经开始急剧上升。前一年，维京人突袭威塞克斯，这也给了阿尔弗雷德正当的理由占领伦登威克。维京人和阿尔弗雷德随后签订条约，以古罗马道路沃特林街（Watling Street），以及泰晤士河、利亚河（Lea）和乌斯河沿线（Ouse）为界。

盎格鲁-撒克逊人居住在西南部，维京人则定居在东北部，他们和平共处了一段时间。维京人偶尔会袭击英格兰，但这些维京人大多来自欧洲大陆或爱尔兰，而不是英格兰领地的维京人。当然，两个种族都必须遵守约定，但约定的前提是双方平等，而非一方统治另一方。

作为与阿尔弗雷德和平条约的一部分，古瑟罗姆接受了洗礼。这次他一改之前维京人的招摇撞骗，真的改用了基督教名字埃塞尔斯坦[①]。在统治麦西亚和东安格利亚时期（当时诺森布里亚被他人统治），他在发行的硬币上也使用了这个名

---

① 与荣耀者埃塞尔斯坦同名。荣耀者埃塞尔斯坦是威塞克斯王国第八位国王。

937年,维京舰队在布鲁南布尔战役前入侵英格兰的绘图,创作于20世纪

▲ 在约克（乔维克）中心工作的维京制币师

字。其他异教徒统治者看到了改信基督教的政治优势，纷纷受洗，改信基督教。维京人控制的领土后来统称丹内劳（其实11世纪初才开始使用这一称谓，也就是维京人在英格兰建立第一个永久定居点一个多世纪后）。顾名思义，英格兰的这一地区将继续沿用丹麦的法律和习俗，这与盎格鲁-撒克逊地区的惯例形成了鲜明对比。然而，随着时间的推移，这两个种族开始相互影响。

毫无疑问，在英格兰定居之初，维京人行事仍然血腥暴力。但随着他们被当地居民同化，局势变得相当稳定。维京领导人是地方统治者，他们需要当地人为其工作，管理土地并负担税收（通常以实物而非货币支付）。因此，即便没有详细记录，我们无法确定是否偶尔也有残暴的维京人无情地剥削当地人，但丹内劳的两个种族极有可能一直和平共存（至少在大多数情况下如此）。

维京入侵对国家统一起到了意想不到的作用，新的统一国家就是英格兰。阿尔弗雷德去世后，他的继任者儿子爱德华（有时被称为"长者"）和女儿埃塞尔弗莱德，能力非凡。埃塞尔弗莱德嫁给了麦西亚统治者。他们通过逐步接管丹内劳的维京定居点，不断推进盎格鲁-撒克逊领土的边界。910年，他们在靠近伍尔弗汉普顿（Wolverhampton）的泰特霍尔（Tettenhall，温斯菲尔德附近，古德国的神沃登的领地）大获全胜。随后，爱德华和埃塞尔弗莱德率领威塞克斯和麦西亚的联合军队，消灭了维京人。后来莱斯特（Leicester）和德比等以前维京人控制的定居

▲ 维京人的葬礼场景

通过逐步接管丹内劳的维京人定居点，不断向北推进盎格鲁-撒克逊领土的边界。

点相继失陷，威塞克斯的边境向北推进。

即使丹内劳逐渐回归盎格鲁-撒克逊，明智的威塞克斯统治者（英格兰的主导力量）依然允许维京聚居区的定居者维持自己的习俗和法律，并认同他们的身份。但政治上，丹内劳已经是盎格鲁-撒克逊英格兰的一部分。随着城市生活的发展，许多主要城镇相继形成。

莱斯特、德比、诺丁汉、林肯和斯坦福德成为主要的行政区，合称"五大行政区"，但是，在现代英格兰，除斯坦福德外，其余四个仍是县城。每一座城都围绕着领主（jarl，斯堪的纳维亚语中"领主"的意思，与英语单词"伯爵"联系在一起）的堡垒而建。维京定居者不再掠夺，而是转而发展贸易，这些地方也成了重要的商业中心。这些定居者在英语语言和英格兰乡村中都留下了自己的印记。许多现代日常英语单词都源于斯堪的纳维亚语系，如"愤怒""丈夫""姐妹""鸡蛋"等都是挪威外来语。有些地名使用了"-thorpe"（如斯肯索普Scunthorpe、克莱索普Cleethorpes）或"-by"（如德比、惠特比、格里

75

姆斯比)的词缀,也说明这一时期该地区由维京人控制。因此,尽管其影响方式已被遗忘,但维京人对当地生活的影响一直存在。

丹内劳人不再反抗长者爱德华及其之后的盎格鲁-撒克逊统治者,相反,他们似乎已经臣服,至少在约克以南地区是这样的。937年,一支庞大的军队从北方进攻盎格鲁-撒克逊领土,这一时刻意味着生死存亡。这支军队是苏格兰、斯特拉斯克莱德(Strathclyde,当时是不列颠领土,位于现在的英格兰西北部和苏格兰西南部)和爱尔兰的维京联盟。英格兰国王埃塞尔斯坦(与几十年前的古瑟罗姆国王同名)在英格兰北部的布鲁南布尔(Brunanburh)大败联盟军队。为他征战的有威塞克斯和麦西亚军队,还有来自丹麦的维京人后裔——他们审视了自己在盎格鲁-撒克逊统治下的稳定生活,可能有时他们也很惊讶,因为他们发现自己更喜欢这种稳定,而不是古老维京世界的居无定所。

丹内劳大部分地区的维京人都已经接纳了盎格鲁-撒克逊人的统治,但是英格兰的一个区域仍然负隅顽抗。这就是以约克为中心的诺森布里亚地区(维京人称为乔维克)。他们与维京都柏林联系密切,曾有多名准国王越过爱尔兰海,成功(有时失败)成为这两个国家的统治者。在某种程度上,诺森布里亚一直与盎格鲁-撒克逊英格兰的其他地区不同,可能是其地理位置偏远的缘故。当时的诺森布里亚人很可能认为,让远在南部的威塞克斯国王统治还不如让维京人管辖呢。

诺森布里亚由两个分部组成:南部的德拉王国,以约克为中心;北部的伯尼西亚王国,以班堡为中心。德拉王国是维京人在北部的主要中心,而伯尼西亚王国通常是一个独立王国,统治

▲ 在斯堪的纳维亚重建维京人聚居地

者是乌特雷德(Uhtred)。乔维克成为维京北方繁华的中心。现代考古发掘证明了维京时代这里的繁荣,尤其是浩博盖特地区(Coppergate)。考古发现,这里曾经拥挤肮脏,但当地商人就在这样的环境中创造了财富。有证据表明,梳子制造是当时的重要行业。

乔维克的财富让英格兰南部的盎格鲁-撒克逊王国对其虎视眈眈，导致乔维克在10世纪上半叶被多次易手。有几次，盎格鲁-撒克逊王国成功地占领了乔维克（例如在埃塞尔斯坦统治期间），但在盎格鲁-撒克逊国王去世后的空档期，以及随之而来的王位更迭中，又与它失之交臂。最终，最后一位维京统治者艾里克（Erik）于954年去世，标志着诺森布里亚维京王国的终结。这也是维京人在北方独立领土的终结。但几十年后，他们将以一种新的甚至更可怕的伪装卷土重来。

作为威塞克斯国王,埃格伯特不断扩大版图,他所建立的王国有朝一日将在英格兰统一中发挥关键作用

威塞克斯家族

**英格兰历史最悠久的家族，
见证了国家被奴役、奋起反抗并最终统一的全过程**

历史上著名的威塞克斯家族，又名塞尔迪克家族（以纪念其日耳曼创始人，第一任盎格鲁-撒克逊国王）。它的发展和壮大都要归因于塞尔迪克这个野心勃勃的撒克逊人，他和儿子一起发动战争、开疆拓土，但也有人认为，他这样做是为了对抗亚瑟王。

塞尔迪克令人生畏，他的儿子辛里克（Cynric）与他一样雄心勃勃。495年，父子二人随着五艘撒克逊战船，在今天英格兰南部的汉普郡海岸登陆。根据《盎格鲁-撒克逊编年史》，还没来得及适应环境，塞尔迪克就与雇主一起与当地人作战，并大获全胜。

我们有理由认为当地人肯定会负隅顽抗，但是父子俩在巩固威塞克斯王国之前，成功扩张了自己的势力范围。事实证明，他们的实力确实强大。有记载称，508年，他们斩杀了纳坦洛德国王（Natanleod）及他的5000名士兵。8年后巴顿山战役（the Battle of Mount Badon）的失败（据称是败给了亚瑟王），也无法阻止撒克逊人对外扩张的进程。

534年，塞尔迪克去世，留下一个庞大的王国，包括萨塞克斯、肯特、东安格利亚和约克大片地区。塞尔迪克是威塞克斯家族的祖先，威塞克斯家族绵延几个世纪，族谱中的每一位国王都在历史上留下了浓墨重彩的一笔，如埃格伯特（他的强大王国最终实现了英格兰的统一）和大名鼎鼎的阿尔弗雷德大帝。

▼ 塞尔迪克国王，撒克逊战士，航行至不列颠，随后创建了自己的王国

▼ 我们对巴顿山战役的地点一无所知，但毫无疑问，对不列颠人而言这场胜利至关重要

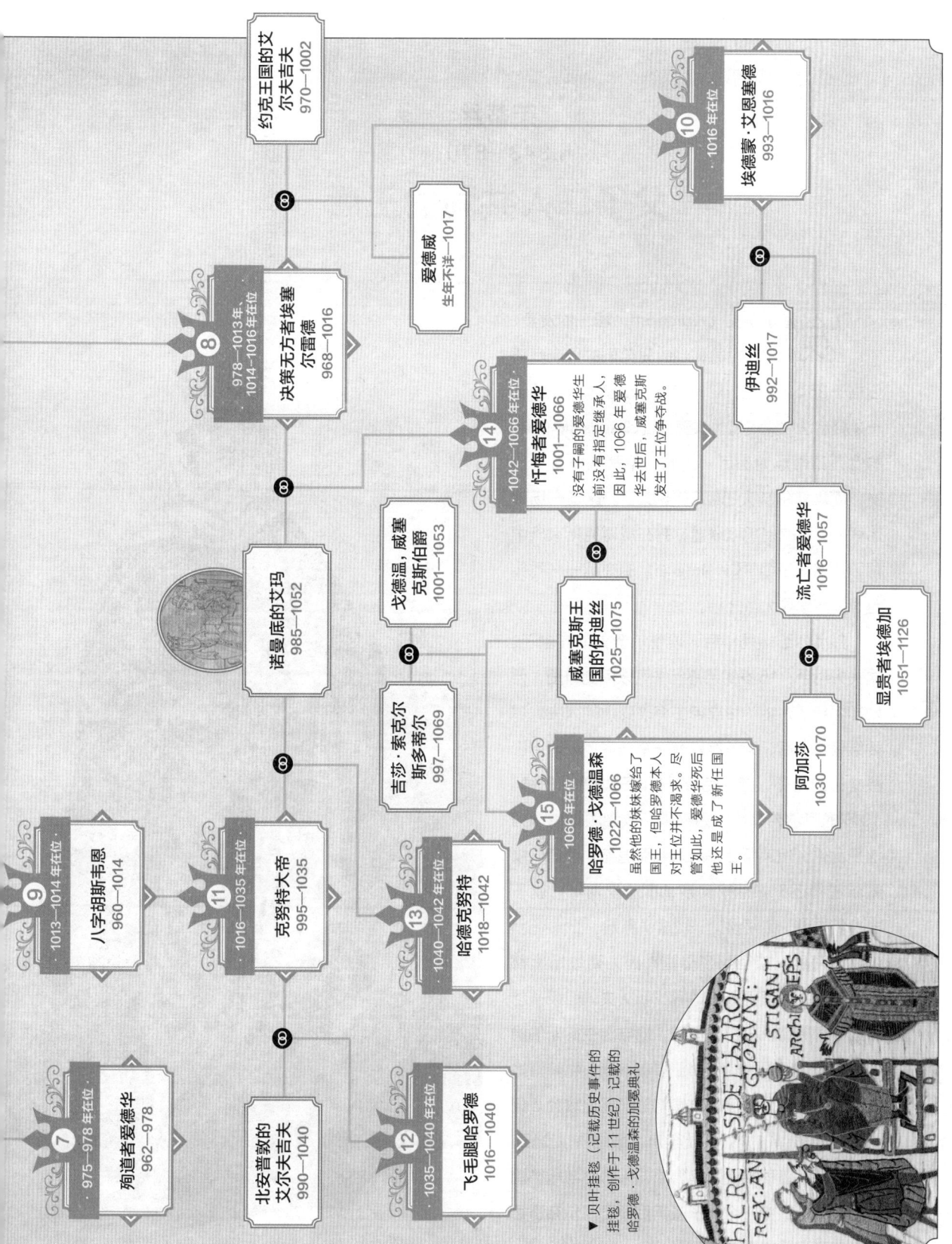

茱蒂丝

843—870

父子二人共同的王后

埃塞尔沃夫（Æthelwulf）国王的发妻、阿尔弗雷德和他的兄弟们的母亲奥斯伯格于854年去世，后位空悬。埃塞尔沃夫国王于是娶了法兰克国王秃头查理（Charles the Bald）的女儿茱蒂丝为王后。当时，茱蒂丝只有十几岁，而埃塞尔沃夫已经50多岁了。这是一场政治联姻，目的是巩固联盟，并在威塞克斯家族中留下加洛林王朝（Carolingian）的血脉——秃头查理是查理曼大帝之孙。

然而，结婚两年后，埃塞尔沃夫就去世了。丈夫去世后，15岁的茱蒂丝本可以回到母国，但她却拒绝了，她的独立自主将改变她的人生。想要继续当王后，茱蒂丝只有一个选择，即嫁给已故丈夫的儿子、威塞克斯新任国王埃塞尔巴德。10岁的阿尔弗雷德大为恼火，教会领袖也认为这是乱伦。但茱蒂丝并未因此而退缩。可惜，埃塞尔巴德还不如他的父亲，在位仅两年，就于860年去世，茱蒂丝又一次成了寡妇。

茱蒂丝无奈回到了母国，因为两段婚姻都未有子嗣，查理四处为她寻找新丈夫。但茱蒂丝却不愿意等待。862年年初，她与佛兰德斯伯爵（Count of Flanders）鲍德温（Baldwin）私奔。她的父亲很生气，并请求教皇将他们逐出教会。但这对足智多谋的夫妇四处奔走，最终得以重归。无奈之下，查理接受了鲍德温。茱蒂丝与鲍德温育有两子，其中一个儿子多年后娶了阿尔弗雷德的女儿艾尔弗特里斯（Ælfthryth）。

▲ 茱蒂丝先嫁给埃塞尔沃夫国王，后又嫁给他的长子埃塞尔巴德

阿尔弗雷德大帝

849—899

威塞克斯国王：871—899 年在位

为王权而征战杀戮

英格兰只有一个国王被尊为"大帝"，那就是阿尔弗雷德。但阿尔弗雷德从未想过自己会成为国王，因为他有四个哥哥。然而，865年，维京人登陆东安格利亚，战争频发，很多国王都战死沙场，英年早逝。

他的三个哥哥相继战死，仅剩阿尔弗雷德和哥哥埃塞尔雷德两位继承人。871年1月8日，威塞克斯在阿什当战役中大败异教徒大军。但同年4月，埃塞尔雷德因伤离世，于是阿尔弗雷德成了新任国王。仅仅一年，阿尔弗雷德与维京人就进行了九次重大交战，虽然保全性命，但损失惨重。对于为利益而战的维京人来说，阿尔弗雷德的抵抗严重削减了他们的既得利益。于是双方进行了和谈。

如果阿尔弗雷德认为钱可以买得到和平，那么5年后维京人的再次攻击，就如当头一棒，让幻想破灭。876年，威塞克斯已是最后一个盎格鲁-撒克逊王国。维京人征服了诺森布里亚、东安格利亚和麦西亚。阿尔弗雷德与他们达成协议，但当他安顿下来庆祝圣诞节和878年的新年时，维京人对他在奇彭纳姆的庄园发动了突然袭击，阿尔弗雷德不得不奔走逃命。

最后一个王国也沦陷了。

阿尔弗雷德躲藏在萨默塞特平原的沼泽中，和维京人打起了游击战。878年5月，阿尔弗雷德向威塞克斯人发出召唤。他们应召而来，成百上千。维京人与阿尔弗雷德正面交锋。谁赢得这场战斗，国家就是谁的囊中之物。

5月6日至12日，阿尔弗雷德在威尔特郡的爱丁顿迎战异教徒大军。这是英格兰历史上最关键的一场战役，阿尔弗雷德大获全胜。胜利后阿尔弗雷德的一系列举措再次证明了他的与众不同。当被围困且饥饿难耐的维京领袖投降时，阿尔弗雷德没有杀之而后快。相反，阿尔弗雷德饶他不死，条件是他必须受洗，阿尔弗雷德成为他的教父，他作为属臣继续管理东安格利亚。

虽然眼前的威胁解除，但阿尔弗雷德一直居安思危，所以他着手复兴这个满目疮痍的王国。为了保护他的人民免受袭击，他建立了一个由坚固的城镇和据点组成的防御网络，覆盖王国各地，守卫道路和河流，并确保他所有的臣民到达庇护所只需要一天行军时间。他还组织了常备军，创建了海军，并亲自设计舰艇。

不仅如此，阿尔弗雷德还推动文化复兴计划。他请各地学者讲学，并将一系列必读书目译成英文，方便国民阅读。阿尔弗雷德亲自翻译。

阿尔弗雷德获胜后的一系列举措让他名垂青史。

为了翻译,他还学习了拉丁语。在翻译中,他加入自己的反思。因此,我们今天能读到这位国王对王权的艺术和责任的反思——阿尔弗雷德管理国家的方式可谓前无古人,后鲜有来者。

893年,维京人卷土重来。基于阿尔弗雷德的改革,在他及他才华卓著的儿子爱德华和女婿麦西亚国王埃塞尔雷德①的领导下,威塞克斯打退了维京军队,让他们根本无立足之地。896年,徒劳无功的维京军队灰溜溜地撤退了。

899年,阿尔弗雷德溘然离世。

---

① 与阿尔弗雷德的哥哥同名。

▲ 温彻斯特大教堂彩色玻璃窗上的阿尔弗雷德大帝像

埃塞尔弗莱德
870—918
麦西亚夫人：911—918 年在位

女中豪杰

阿尔弗雷德功勋卓著，他的子孙也才能出众，特别是他的长子爱德华和长女埃塞尔弗莱德。姐弟俩在与维京人的战争中长大，知道继续斗争与他们的生活密不可分。

阿尔弗雷德将女儿嫁给自己委任的麦西亚统治者（麦西亚当时也在阿尔弗雷德统治下）。10世纪初，麦西亚国王因疾病而丧失行动能力，埃塞尔弗莱德成了实际统治者。911年，国王去世，埃塞尔弗莱德成为麦西亚女王，当时的宪章称埃塞尔弗莱德为麦西亚夫人。因此，埃塞尔弗莱德成为唯一一位盎格鲁-撒克逊王国的女性统治者。

899年，阿尔弗雷德离世，埃塞尔弗莱德的弟弟爱德华继任威塞克斯国王，姐弟二人重新征服丹内劳（当年阿尔弗雷德将丹内劳割让给了维京人）。埃塞尔弗莱德积极备战。她将父亲和哥哥在威塞克斯建立的坚固据点和城镇网络扩展到麦西亚。从909年开始，埃塞尔弗莱德和爱德华就开始对维京人施压，不断吞并维京人聚居地进行领土扩张。

与她的父亲一样，埃塞尔弗莱德不仅仅是战士，她也在整个王国大力发展教育，促进学术繁荣，在她统治期间，她多次修建、保护修道院。

917年，埃塞尔弗莱德和爱德华击退了维京人的反击。随后埃塞尔弗莱德的军队占领了德比，这也是盎格鲁-撒克逊人攻占的第一个丹内劳行政区，丹内劳共有五大行政区。第二年，莱

▲ 埃塞尔弗莱德画像，摘自《阿宾登修道院地产名录暨风俗仪式》（*Cartulary and Customs of Abingdon Abbey*），1220 年

斯特投降，约克也臣服于埃塞尔弗莱德，但918年6月12日，还没来得及攻占约克，埃塞尔弗莱德骤然离世。埃塞尔弗莱德的女儿继承了王位，但爱德华却废黜了他的外甥女，直接控制了麦西亚。英格兰正在迈向统一。

埃塞尔斯坦

894—939

♛ 924—939 年在位

英格兰的第一位国王

▲ 埃塞尔斯坦是虔诚的君主,将一生奉献给了国家

埃塞尔斯坦是阿尔弗雷德大帝的孙子。老国王发现了男孩的与众不同,于是在他小时候,就为他穿戴斗篷和剑带(在盎格鲁-撒克逊国家,这是国王的标志)。埃塞尔斯坦是长者爱德华的长子,但他的母亲身份不详。埃塞尔斯坦可能是私生子,也可能他的母亲出身低下。因此,埃塞尔斯坦要与爱德华另外两位皇后的儿子争夺王位继承权。埃塞尔斯坦在爱德华杰出的妹妹埃塞尔弗莱德身边长大。

爱德华去世后,埃塞尔斯坦继承了麦西亚的王位,他同父异母的兄弟艾尔弗沃德(Ælfweard)将成为威塞克斯国王,但艾尔弗沃德在他父亲离世 16 天后也去世了。新任国王这个时候骤然离世,让埃塞尔斯坦继任王位面临更多压力。为此,埃塞尔斯坦决定终身不娶,这样,他的继任者就会是爱德华的子孙。这也反映出了埃塞尔斯坦的性格,与他的祖父一样,埃塞尔斯坦非常虔诚。

埃塞尔斯坦统一了英格兰,他也因此成为伟大的国王。927 年,埃塞尔斯坦攻占了以约克为中心的维京人统治的北方,从而成为第一位统治所有古老的盎格鲁-撒克逊王国——威塞克斯、麦西亚、东安格利亚和诺森布里亚的国王,他是英格兰的第一位国王。然而,周围的国王们都紧张地注视着这个新进崛起的势力,并意图结盟打败埃塞尔斯坦。苏格兰国王君士坦丁、都柏林国王奥拉夫·古斯弗里森(Olaf Guthfrithson)和斯特拉斯克莱德国王奥万(Owain)联合进攻英格兰。937 年,布鲁南布尔战役爆发,对于埃塞尔斯坦和英格兰,这场战役都至关重要。如果埃塞尔斯坦输了,这个新统一的国家就会被肢解。反之,英格兰将不断发展壮大。

埃尔弗里达

945—1000

邪恶的皇后

埃尔弗里达真如后世传说中那般邪恶吗？也许那些针对她儿子埃塞尔雷德①的人也顺便对她恶语中伤，但有证据表明，她绝非善类，那些血腥与谋杀，她都难辞其咎。

据编年史记载，埃德加国王听说埃尔弗里达倾国倾城，便派家臣一探究竟。家臣被埃尔弗里达所倾倒，自己娶了埃尔弗里达，并告诉国王关于埃尔弗里达美貌的传言不实。但后来埃德加又听说埃尔弗里达确实很美，便亲自拜访。埃尔弗里达的丈夫让她扮丑，但埃尔弗里达没有照做。国王对她一见倾心，随后她的丈夫在狩猎中就遭遇了意外，孀居的埃尔弗里达便嫁给了国王。

埃德加与前王后已有一子。因此，968年，埃尔弗里达的儿子埃塞尔雷德出生时，他同父异母的兄弟爱德华（比他大6岁）已经是王位继承人了。

975年，埃德加国王去世，当时爱德华才13岁，埃塞尔雷德也只有7岁。爱德华顺理成章被加冕为国王。3年后，爱德华到多塞特郡的科夫城堡（Corfe Castle）探望他的继母和同父异母的弟弟时，在马上被刺死。没有关于此事细节的记载，但人们都知道爱德华的葬礼仓促，没有任何王室葬礼的仪式。

那么，埃尔弗里达是弑君的主谋吗？毕竟当时埃塞尔雷德年幼，不可能参与其中。认为埃尔弗里达为元凶的编年史作者多年后写道，爱德华死后，她的儿子埃塞尔雷德是最终受益者，因为埃塞尔雷德是唯一的王位继承人。当时之所以对埃尔弗里达可能参与弑君进行遮掩，似乎是因为两害相权取其轻，必须确保新任国王的合法地位。但有一个细节足以证明埃尔弗里达的罪行，她主审这个案件，但最终无人受到审判。

▲ 爱德华远道来访，埃尔弗里达为其奉茶，而此时她的手下手持尖刀，从背后逼近

---

① 与阿尔弗雷德的哥哥同名。

决策无方者埃塞尔雷德
968—1016
👑 978—1013年、1014—1016年在位

也许是……英格兰最无能的君主

一直以来,埃塞尔雷德都被人们戏称为"决策无方者",其实这个绰号源自古英语单词Unræd,意思是不明智,同时也是对他基督教名字"好的建议"(noble counsel)的嘲讽。人们总是将埃塞尔雷德统治期间的各种问题归咎于国王的幕僚,而非国王本人,是因为埃塞尔雷德总是推卸责任,让官员们替他受过。甚至连弑君篡位,他都推得一干二净。

975年,他的父亲埃德加去世后,埃塞尔雷德同父异母的哥哥爱德华继承了王位。可爱德华犯了个致命的错误。在位第三年,爱德华到科夫城堡拜访了他同父异母的弟弟和继母埃尔弗里达。

爱德华到达时,埃塞尔雷德列队欢迎。但还没下马,爱德华的手臂就被牢牢抓住,他动弹不得,被活活刺死。当时埃塞尔雷德只有10岁,所以不可能参与弑君。此外,埃塞尔雷德是唯一的王位继承人,于是他顺理成章成为国王,在令人不寒而栗的母亲及核心成员组成的议会的辅佐下,他开始统治威塞克斯。

最初几年,埃塞尔雷德也励精图治,进行改革,事实上,如果按部就班,除了他继承王位遭人诟病之外,他应该会是位杰出的国王并被载入史册。但事与愿违,百年和平后,维京人又卷土重来了。

10世纪80年代,发生了一些小规模突袭事件。991年,维京舰队重返英格兰,并在马尔登附近击败了英格兰军队。当时的英格兰人并不喜欢美化英勇的失败,但古英语诗歌《马尔登战役》(*The Battle of Maldon*)却记录了这场战斗,讲述了拜尔特诺斯(Byrhtnoth)臣民在战争中奋战至死的英勇悲壮。

这次失败后,埃塞尔雷德马上与维京人进行第一次和谈,和平的代价是10000英镑,维京人拿钱离开了。但是第二年、第三年他们又回来了。于是有了第二次和谈,价码上升到22000英镑。第三次和谈的时候变成了24000英镑,第四次是36000英镑,第五次是48000英镑。和欧洲大陆一样,埃塞尔雷德也强征暴敛,榨干国民交换和平。在他之前,也有国王花钱买时间,得以喘息,励精图治,但埃塞尔雷德却没有任何强国措施,他甚至不与维京人正面交战。

一次失败后,埃塞尔雷德马上与维京人进行了和谈。

▲ 决策无方者埃塞尔雷德，摘自《阿宾登修道院地产名录暨风俗仪式》，1220 年

埃塞尔雷德与诺曼底公爵理查德结盟，让他拒绝维京舰队在安格利亚海峡对岸停靠。为了巩固联盟，刚刚丧偶的埃塞尔雷德迎娶了公爵的妹妹艾玛。两代人之后，他与诺曼底的联姻在维京第二次征服英格兰时发挥了重要作用。

1013 年，英格兰士气低落，入侵时机已经成熟，丹麦国王八字胡斯韦恩（Sweyn Forkbeard）进攻英格兰。埃塞尔雷德逃亡国外。1014 年 2 月 3 日，八字胡斯韦恩逝世。埃塞尔雷德随即回国，并发誓痛改前非。可是，他授意最信任的幕僚埃德里克·斯特里奥纳（Eadric Streona）谋杀了两位伯爵，一切又重回原点。斯韦恩的儿子克努特（Cnut）率领舰队卷土重来，但埃塞尔雷德死了，他的儿子埃德蒙·艾恩塞德接替了战斗。

诺曼底的艾玛

985—1052

三任皇后

1002年,艾玛嫁给埃塞尔雷德,成为英格兰王后,并生下两个儿子爱德华和阿尔弗雷德[①]。埃塞尔雷德在维京人入侵时逃离,艾玛也带着孩子们离开了。研究显示,她去了诺曼底。埃塞尔雷德去世后,他的儿子埃德蒙·艾恩塞德(Edmund Ironside)继续与克努特抗争。埃德蒙去世后,为了能成为国王,克努特最好的选择就是迎娶前王后。

多年以后,艾玛记述了这件事。据她所说,为了让她回英格兰与自己成婚,克努特送给她礼物并许下承诺。这是政治联姻,艾玛别无选择,毕竟王后很有权力,为此她愿意做出牺牲。她将与前夫的孩子爱德华和阿尔弗雷德留在诺曼底,并与克努特一起培养新的王位继承人。在她的书中,她说政治婚姻就是结盟,当代的记载也证明了这一点,克努特王后的地位远远高于埃塞尔雷德的妻子。

1035年,克努特去世,他的继任者原本应该是他和艾玛的儿子哈德克努特(Harthacnut)。但克努特与他的第一任妻子的儿子飞毛腿哈罗德(Harold Harefoot)却要篡权谋位。当时,哈德克努特被囚禁于克努特的北部国家,于是艾玛就为儿子争取到了戈德温伯爵(Earl Godwin)的帮助。戈德温伯爵是英格兰人,克努特统治时期,他就位极人臣。后来,戈德温倒戈支持飞毛腿哈罗德,艾玛就想到在海峡对岸,她还有另外两个儿子。大儿子爱德华试图回国,但最终失败。阿尔弗雷德回国时,戈德温伯爵接待并宴请款待年轻的王子和他的随从。他留他们过夜,却在那一晚对他们痛下杀手。阿尔弗雷德的手下或被变卖为奴,或被谋杀肢解、剥头皮或是弄瞎双眼。阿尔弗雷德本人虽逃过一死,但却被挖掉了双眼。

在戈德温的支持下,飞毛腿哈罗德成为新任国王。艾玛再次流亡,她没有去诺曼底寻求庇护,而是去了佛兰德斯,可能是因为爱德华对他母亲有些不满。1040年,飞毛腿哈罗德去世后,哈德克努特终于成为英格兰国王,艾玛于是被迎回国,重获权力。她与爱德华和解,并为爱德华重返英格兰积极奔走。1041年,爱德华返回英格兰,与他同母异父的弟弟一起担任国王,成为共治者,并与艾玛三足鼎立。在此格局下,哈德克努特逐渐被边缘化。

1042年,哈德克努特去世。1043年,爱德华与其母艾玛分庭抗礼,并出其不意地出现在艾玛在温彻斯特的庄园,没收了她的财产。爱

[①] 与阿尔弗雷德大帝同名。

德华不曾忘记弟弟的遭遇，也不曾忘记艾玛在诺曼底的绝情抛弃。虽然艾玛仍可以住在温彻斯特庄园，爱德华也准她回宫，但她的权力已不复存在。

此外，爱德华王位背后还有另一位支持者——戈德温伯爵和他的家族。尽管戈德温主导了爱德华弟弟的死亡，但爱德华还是迎娶了他的女儿。艾玛没有亲见自己与埃塞尔雷德的婚姻所引发的后续历史事件。这位曾身为国王的妻子亦为国王的母亲，于1052年离开人世。

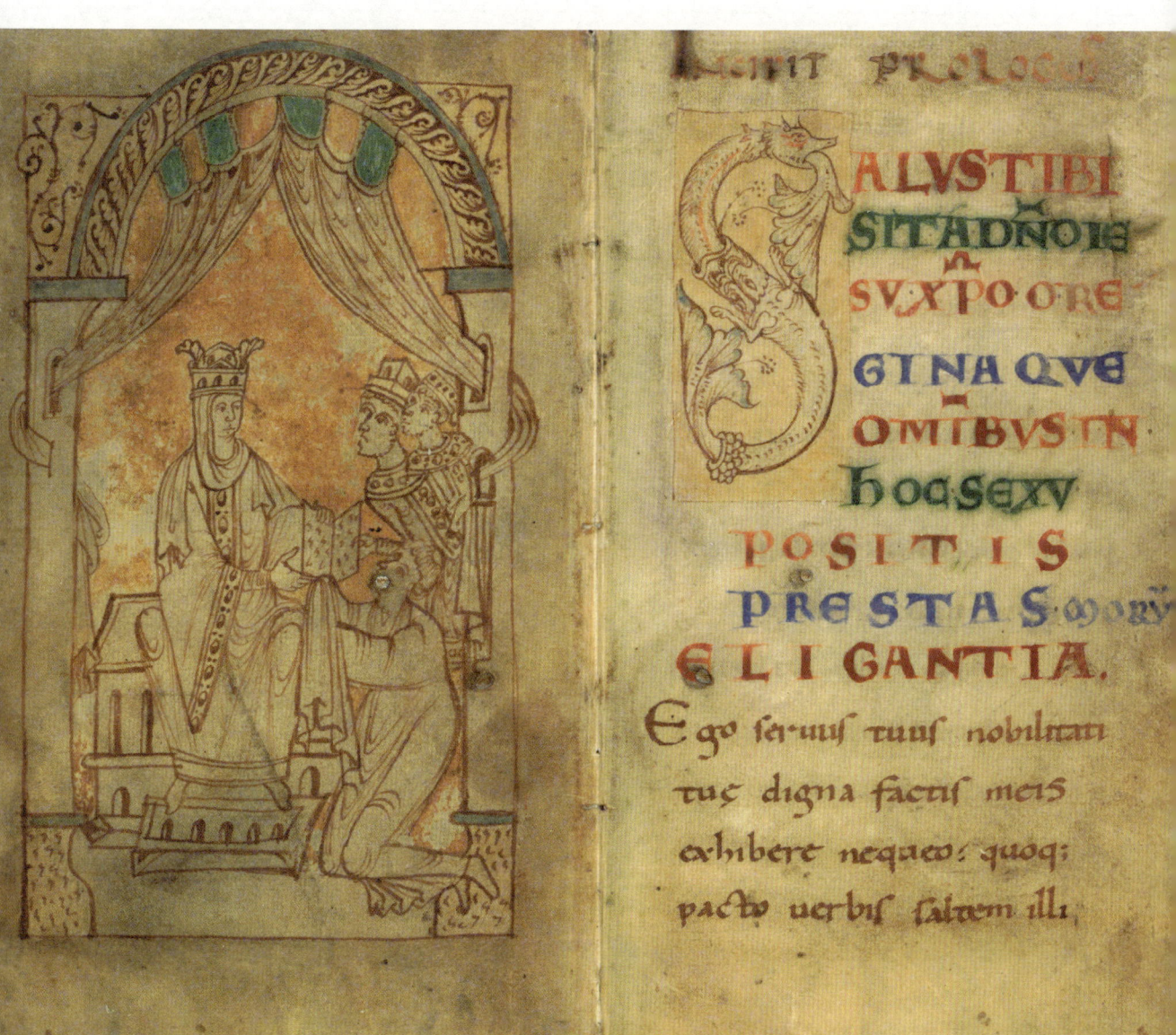

▲ 11世纪，艾玛王后从跪倒在地的创作者手中接过《艾玛女王颂词》

埃德蒙·艾恩塞德
993—1016
👑 1016 年在位

一直在战斗却最终战败的国王

埃德蒙是埃塞尔雷德的第一任妻子的第三个儿子。埃塞尔雷德迎娶诺曼底的艾玛并生下两个儿子，埃德蒙很担心他们会与自己争夺王位。但是，首先，必须还有王位可以争夺。

1013 年，八字胡斯韦恩入侵英格兰，埃塞尔雷德仓皇出逃，埃德蒙选择留下。1014 年，斯韦恩去世，埃德蒙认为自己有能力迎回父亲，并夺回王位。1015 年，斯韦恩的儿子克努特再次入侵，埃塞尔雷德无力抵抗。埃德蒙集结了军队，但埃塞尔雷德没有亲自督战领导，军队四分五裂。埃德蒙又集结起军队，这一次埃塞尔雷德

▲ 据贝叶挂毯，1066 年黑斯廷斯战役中，哈罗德·戈德温森被私生子威廉的军队射中眼睛

▲ 埃德蒙为使英格兰摆脱维京人的魔掌而浴血奋战

亲自督战,但结果更为糟糕。

1016年4月23日,埃塞尔雷德战死,埃德蒙加冕为王。埃德蒙决心与维京人作战,他组建军队,与克努特的军队从夏天奋战到了秋天,一次次将维京人击退。10月16日,在埃塞克斯的阿桑顿战役(Assandun)至关重要。战役中,埃德蒙父亲的首席大臣埃德里克·斯特里奥纳背叛了他,英格兰因此大败。埃德蒙幸免于难,被迫与克努特谈判。无奈之下,他同意分裂国家,埃德蒙控制威塞克斯,克努特控制麦西亚。但几周后,埃德蒙就去世了。

埃德蒙死后,整个国家都处于克努特的统治之下。他首先处决了埃德里克·斯特里奥纳。埃德蒙死后一年,克努特去祭拜他,在他的墓前放了件斗篷,上面绣着孔雀,象征着救赎。与他的祖先阿尔弗雷德不同,埃德蒙无法拯救他的国家。在接下来的26年里,它将一直被维京人统治。

盎格鲁－撒克逊人的日常生活

在阶级和地位至关重要的社会中，盎格鲁－撒克逊人的生活很艰难，但也充满了机遇

从5世纪日耳曼部落的到来到1066年的诺曼征服，整个盎格鲁－撒克逊时期的政治和社会空前动荡。尽管盎格鲁－撒克逊是战斗民族——他们击退敌人，在不列颠扎根——但他们仍然需要为平民建立一个良序社会。因此，虽然边界在交战，但正常的生活仍在继续，并将随着战争不断发展。

宗教

盎格鲁－撒克逊人带来了异教信仰。他们不是单神崇拜，而是多神崇拜。人们会向特定的神祈祷，以实现特定的心愿。例如，一位女神掌管丰收，而另一位女神则掌管战争。他们崇敬大自然，且相信泉水、水井、岩石甚至树木都具有强大的力量。盎格鲁－撒克逊人大多佩戴符咒，因为他们相信符咒会祝福他们，并保护他们免受邪灵的侵害。

然而，随着基督教的传入，这些传统发生了改变。6世纪末，基督教开始迅速传播，许多国王皈依，国民也纷纷效仿。这对盎格鲁－撒克逊人的生活产生了巨大影响，因为修道院是盎格鲁－撒克逊人唯一学习和识字的地方，许多孩子会在那里接受僧侣或修女的教育。基督教的传播是盎格鲁－撒克逊王国最终团结统一的主要因素，因为他们拥有了一种共同的、统一的文化。

虽然基督教很快普及，但许多异教信仰仍然存在。我们至今仍能看到这些信仰的痕迹，例如星期就是用异教神的名字命名的，星期二由蒂尤（日耳曼神话中掌管天空与战争的神）的名字命名，星期三是沃登（文化之神），星期四是索尔（天空之神），星期五是芙蕾雅（爱神、战神与魔法之神）。

▲ 许多村庄很小，只有100名居民

社会结构

不同阶层的盎格鲁-撒克逊人的生活方式也截然不同。两个最重要的阶层是自由人和奴隶，但在每个阶层中都有许多不同的角色和等级。自由人阶层包括国王、贵族和普通自由人。阶层的流动性很大，因此在盎格鲁-撒克逊社会中，人们可以实现阶层的跨越。例如，商人如果可以资助三次出国贸易旅行，就可以成为贵族。贵族和普通自由人的差别就是拥有的土地数量。贵族通常必须拥有至少150英亩①的土地，但有的普通自由人，虽然没有土地，却比贵族更富有。盎格鲁-撒克逊人的社会地位也可以从云端跌入谷底，

国王也不例外。如果国王不能给国民提供土地、奴隶和财富，那么他的统治难以长久。

奴隶处于社会最底层。奴隶买卖利润巨大，因此也很猖獗。许多人只是因为出生于奴隶家庭，或者由于国家战败被俘而成为奴隶。如果自由人无法支付罚款，也会沦为奴隶。为了让孩子活下去，饥饿的家庭也会将自己的孩子变卖为奴。然而，就像自由人阶层一样，奴隶阶层流动性也很大。奴隶主有权释放自己的奴隶，亲属也可以付赎金赎回亲人。那些因债务成为奴隶的人，还清债务后，就可以重获自由。

盎格鲁-撒克逊社会的女性实际上享有相当程度的自由，这着实让人感到惊讶。她们可以成为修道院院长，据《末日审判书》（*the Domesday*

---

① 1英亩约为0.4047公顷。

所有人都牵牛在狭长的田地上耕作,因此,所有人共享肥沃的土地及丰收的硕果。随着时间的推移,土地成为富有贵族的私有财产,他们雇用自由民耕种。随着国家商业化程度的提高,人们开始使用水车来研磨谷物。常见的作物有小麦、大麦和黑麦,人们还种植了豌豆、卷心菜、欧洲防风草、胡萝卜和芹菜,还饲养山羊、牛、绵羊和猪,由于缺乏食物,人们会在冬季宰杀这些牲畜。

绝大多数职业都与这个蓬勃发展的农业社会息息相关。男性奴隶一般在农场耕种,但农场里还需要其他劳动力,如放牛人、养蜂人、牧羊人、粮仓饲养员、奶酪制造商(多是女性)。研磨玉米、织布、裁剪衣服和挤牛奶一般是女性的工作。

也有一些职业与农业生产关系不大,如面包师、木匠、鞋匠、渔民、猎人、铁匠、陶工、皮革工人等。考古发掘的艺术品、雕塑和金属制品证明了许多盎格鲁-撒克逊工匠的才华,其中最著名的贝叶挂毯,将盎格鲁-撒克逊妇女技艺娴熟、华丽精美的刺绣工艺展现得淋漓尽致。

饮食

因为淡水污染严重,盎格鲁-撒克逊人每天都饮用啤酒和蜂蜜酒。日常蜂蜜酒度数很低,并且会添加蜂蜜。当时没有糖,蜂蜜对盎格鲁-撒克逊人很重要,所以每个村庄都饲养蜜蜂。虽然他们也爱吃肉和鱼,尤其是在狂欢盛宴时,但肉和鱼毕竟是奢侈品,通常只有富贵人家才能享受。他们偏爱猪肉、牛肉、羊肉、鹿肉,不吃马肉,因为马主要用于耕种和运输。

普通人主要吃素食。虽然野生动物很常见,但只有土地所有者才能猎杀。豌豆、豆荚、扁豆、胡萝卜、欧洲防风草、卷心菜和洋葱,以及

Book)记载,很多女性是主要的土地所有者。即使是普通女性也相对独立。她们可以独立参与合法交易,即使结了婚,她们也可以拥有自己的财产。对女性的性犯罪将被严惩,寡妇享有继承权和子女监护权。直到诺曼征服,才开始实行长子继承制,即男性长子获得继承权。因此在当时,年轻女子与兄弟享有平等的继承地位。人们盼着孩子快快长大,因为到了10岁,孩子们就拥有了继承权,并需要对自己的罪行负责。

农耕

生活在盎格鲁-撒克逊王国的英格兰人,如果不参与农耕,那么生活将举步维艰。在早期的几个世纪里,农场由酋长所有,人们一起工作,

▲ 盎格鲁-撒克逊国王身边的贤人会议，本质上是顾问委员会

水果，如苹果和黑莓都是盎格鲁-撒克逊人的主要食物。他们也吃鸡蛋，还有鸭蛋、鹅蛋和其他鸟类的蛋。当时，土豆、西红柿和香蕉等外来食物还没有传入英格兰。

居住环境

盎格鲁-撒克逊人的房屋很简陋。普通人的房屋是茅草屋顶的木屋，通常只有一个房间。有家畜的人家会和动物住在一起，中间用屏风隔开。这样在寒冷的冬天，小屋会更暖和。当时只有富人才能买得起蜡烛，穷人则点燃蘸有动物脂肪的灯心草来照明。卫生间更为简陋，人们在地上挖个坑，然后拿来一块木头，掏个洞，盖在上面。

富人的房子也很简陋，基本就是穷人木屋的放大版。不过，他们的家里有挂毯、绘画和家具等装饰，这些装饰通常简单而沉重。

衣着

盎格鲁-撒克逊人的服装以实用为主，特别是普通自由民。大多数服装都是亚麻布和羊毛制成的。男人穿长袍或束腰外衣、马裤和软鞋；女人穿长裙或连衣裙。不管是富人还是穷人，都用胸针来固定斗篷和披风。

富人和穷人的着装是有差别的。例如，贵族男性会穿较长的束腰外衣，他们的服装色彩鲜艳、细节考究。盎格鲁-撒克逊男人喜欢留长发和胡须，只有社会最底层才剪短发。基督教传入后，女性会用"头巾"遮住头发，人人如此，即使在家里，或是躺在床上也要遮住头发。

休闲娱乐

盎格鲁-撒克逊人在工作和战争之余没有太多休闲时间，但有证据表明他们的确有娱乐活动。上层社会喜欢猎鹰和小鹰，他们也演奏音乐、举办宴会，下层阶级也喜欢。他们喜欢诗歌、音乐、舞蹈和戏剧。宴会上，竖琴和杂耍很受欢迎。他们还喜欢踢球、舞剑。

盎格鲁-撒克逊人喜欢竞技体育，比如赛狗和赛马、骰子和棋盘游戏（如11世纪的国际象棋）。猜谜语也很普遍。许多才华横溢的人成为吟游诗人或加入欢乐合唱团，受雇在宴会上表演。

社会变迁

改信基督教后，盎格鲁-撒克逊人的生活发生了巨大改变。拉丁语和修道院随之而来。然而，8世纪起，修道院就一直是维京人的攻击目标。阿尔弗雷德与敌人签订条约，并将盎格鲁-撒克逊人统一起来捍卫国家。就这样，人们的生活被彻底改变了。阿尔弗雷德对学习和写作的热爱影响了他治下的英格兰，他引入了教育改革，用英语而非拉丁语进行写作。阿尔弗雷德大力推进教育、法律和宪章的改革，为英格兰的未来发展奠定了基础。到11世纪，贸易空前繁荣，10%的人居住在新建的城镇之中。木船往返于出口羊毛和奴隶的港口。英格兰正在从乡村转变为由单一国王统治的文明国家，并将在世界舞台上发挥重要作用。

赔偿金
犯了错的盎格鲁-撒克逊人的选择——以钱赎罪还是以血还血

盎格鲁-撒克逊社会的法律很多，国王在整个统治期间会制定很多新的法律。其中许多与刑事犯罪有关。在当时，对别人造成了伤害就必须赔偿。例如，7世纪，如果有人在肯特王国割掉了别人的耳朵，必须付给受害者12先令，肩膀是30先令，眼睛要更贵一些，是50先令，而且当时手指比脚趾更值钱。

如果杀了人，就必须付赔偿金。金额会根据受害者的社会等级而定，因此杀死贵族比杀死普通自由人要贵。赔偿金是为了减少复仇和杀戮。比如"血海深仇"，即受害者亲属杀死凶手为亲人报仇，这也会导致家族之间长期、广泛、血腥的世代仇杀。赔偿金后来被广泛推广，为了维持法律和秩序而受伤的人也可以得到赔偿金。

▲ 盎格鲁-撒克逊人的社会等级制度是后来许多法律的基础

统一的英格兰

103　荣耀者埃塞尔斯坦
111　维京人卷土重来
116　北方之王
128　忏悔者爱德华
135　最后的盎格鲁-撒克逊国王

埃塞尔斯坦虽然身材矮小,却异常凶猛,意志坚定

荣耀者 埃塞尔斯坦

他书写了英格兰历史，应该被历史铭记

阿尔弗雷德开创了威塞克斯家族的伟大事业，爱德华和埃塞尔弗莱德将其发扬光大，阿尔弗雷德的孙子埃塞尔斯坦为这个家族画上了完满的句号。异教徒入侵，王国百废待兴，因此这三代人毕生都在保护他们的土地免受异教徒的蹂躏、从异教徒手中夺回失去的土地并最终完成英格兰的统一。

三代人励精图治，历尽千辛万苦，终于完成了英格兰的统一。埃塞尔斯坦现在是"天选之子，英格兰国王，整个不列颠国家的守护者"。937年，埃塞尔斯坦获悉，苏格兰、都柏林和斯特拉斯克莱德的国王联合起来反对他，欲将战火烧到他的家园。似乎他的家族过去70年的努力都将化为乌有。果敢的埃塞尔斯坦也变得优柔寡断，踌躇不决，犹豫自己是否能战胜强敌。但他是阿尔弗雷德的孙子，爱德华的儿子，埃塞尔弗莱德的侄子，即使对手强大，他也绝不能退缩。于是埃塞尔斯坦重新振作，召集了威塞克斯和麦西亚军队，向北挺进。埃塞尔斯坦时代伟大战役的序幕徐徐拉开。

战争发生在布鲁南布尔。一个多世纪以来，一提到"伟大的战斗"，大多数人就都明白所指为何。战斗结束了，五位国王和七位伯爵战死沙场。疲惫不堪的埃塞尔斯坦和他的军队赢得了胜利。都柏林的维京国王奥

▲ 长者爱德华，他的成就应该让他得到更多的认可

长者爱德华
阿尔弗雷德几乎被遗忘的儿子和继承人

爱德华长大之后都记得那个晚上，他父亲不得不带着家人逃去阿塞尔尼沼泽避难。那时他还是个孩子，他只能等待父亲爱丁顿战役的战报，再决定是否需要再次逃亡。他从小就习惯了与维京入侵者作战，十几岁时就担任父亲的首席中尉，战功赫赫。但这样的经历也使他变得比较功利。

爱德华不会因为自己的过错或疏忽而向那些蹂躏他王国的异教徒妥协。为此，他将婚姻视为筹码，迎娶或废弃王后（前后共三位）都是出于政治目的。但有一个女人爱德华一直信任，这是他父亲留给他的左膀右臂——他的妹妹麦西亚夫人埃塞尔弗莱德。她保护了自己的王国，并与爱德华并肩作战对抗维京人的进攻。然而，爱德华并不信任埃塞尔弗莱德的女儿。爱德华的妹妹去世后，麦西亚任命艾尔弗温为新的麦西亚夫人，但爱德华将她带到修道院并将麦西亚收归自己统治，成为威塞克斯和麦西亚联合王国的第一位国王。

拉夫·古斯弗里森带着他的残部乘船逃回爱尔兰，苏格兰国王君士坦丁二世还没来得及为他死去的儿子收尸，就北上逃亡。

布鲁南布尔战役是英格兰成为统一国家的漫漫征程中的关键一役。几个世纪过去了，21世纪的我们很难想象这有多么了不起。是阿尔弗雷德、爱德华、埃塞尔弗莱德和埃塞尔斯坦埋下了统一的种子，并让种子生根发芽。当斧头准备在它扎根之前将其砍倒之时，埃塞尔斯坦在布鲁南布尔战役中守护了它。根已经扎得很深，枝叶已经繁茂。现在却很少有人记得是谁播下的种子，甚至连"伟大的战斗"的发生地点都被世人遗忘。

战胜的埃塞尔斯坦仗剑而立，看着满地残骸，感慨自己年华不再。他已经43岁了，不再年轻，生活辛劳。他感谢了上帝的庇佑，他也想起了他的祖父，他回忆……

那时他还是个孩子，还不到10岁。阿尔弗雷德——他的祖父，威塞克斯的国王——站在他面前，如参天巨树般高大挺拔。国王的要臣站在一旁，也包括埃塞尔斯坦的父亲。阿尔弗雷德在埃塞尔斯坦的腰间系了一条剑带，在他瘦弱的肩膀上披上了紫色的斗篷。阿尔弗雷德环顾了贤人会议，让所有人都明白他所做之事的重要性。因为他给他的孙子埃塞尔斯坦打上了王权的标记，盖上了国王的印章。当时没有固定的王室继承规则。埃塞尔斯坦是阿尔弗雷德的长子爱德华的长子，但谁将成为国王是由王国权贵的议会"贤人会议"决定的。血统很重要，但阿尔弗雷德的选择也很重要。下一位新国王必须得到那些默默观望的人们的支持。

这其中最为沉默的就是埃塞尔斯坦的父亲爱德华。爱德华从阿尔弗雷德那里学到了许多王权之术。在阿尔弗雷德统治的最后10年中，埃塞

▲ 埃塞尔斯坦和他的祖父一样致力于促进学习，并将他的宫廷变为吸引欧洲各地学者的磁石

尔斯坦作为父亲的首席指挥官，抵御维京人的进攻。对爱德华而言，有一些人的意见也很重要，那就是他的王后们。

埃塞尔斯坦记得阿尔弗雷德死后，他的父亲为了保住王位而进行的艰苦斗争。当时爱德华的堂兄埃塞尔沃尔德（Æthelwold）反叛，还联合了一支维京军队助他夺取王位。埃塞尔沃尔德失败了，他的继承权和他的生命都埋在了芬斯的泥泞中——爱德华在那里与他的堂兄和他曾经的盟友丹麦的维京国王殊死搏斗。爱德华消除了威胁，但为了巩固统治，他需要王室团结一心。他废弃了埃塞尔斯坦的母亲，另娶新妻——埃塞尔沃尔德的侄女艾尔弗莱德（Ælflæd），很快，她为丈夫生了儿子。

▲ 埃塞尔斯坦国王,在他那个时代被称为"荣耀者",但现在似乎已经无人记起

爱德华行事冷酷,但还有一丝同情心,他将他的长子交给了他的妹妹——阿尔弗雷德聪明而又坚定的女儿——麦西亚夫人埃塞尔弗莱德。当年,阿尔弗雷德与古瑟罗姆签署条约,将历史悠久的麦西亚王国一分为二,其中盎格鲁-撒克逊领土置于他的统治之下。阿尔弗雷德任命埃塞尔雷德管辖,并将自己聪明的女儿嫁给了他;麦西亚的另一半丹内劳归古瑟罗姆所有。埃塞尔雷德患病后,常年虚弱,埃塞尔弗莱德成了实际的掌控者。于是在战略上,麦西亚与她哥哥保持一致,首先保护他们的领土,然后征服维京人。

她边实施战略,边教导侄子,她无情地收复维京人控制的领土,采用自治市防御战略,设防收复的城镇,让城镇变成前线。918年,爱德华和埃塞尔弗莱德完成了20年前似乎不可能完成的事业:他们重新占领了丹内劳。918年6月12日,埃塞尔弗莱德去世,如爱德华所言,"所有在麦西亚定居的人,无论是维京人还是英格兰人,现在都臣服于他"。

爱德华与埃塞尔弗莱德的儿子都在威塞克斯长大,但这里几乎无人知晓埃塞尔斯坦的存在。因此,当爱德华于924年7月17日去世时,谁将成为新国王,以及将成为哪里的国王一直悬而未决。埃塞尔斯坦被麦西亚的贤人会议推举为国王,但在威塞克斯的艾尔弗沃德也觊觎王位。也许最有可能的结果是,刚合并的王国将再次分裂,分别由爱德华的两个儿子统治。

但是,仅仅过去了两周,艾尔弗沃德就去世了。埃塞尔斯坦似乎并未参与其中,但这种巧合却为人诟病。在埃塞尔斯坦成为国王的一年前,他的加冕典礼在萨里郡(Surrey)的金斯敦岛(Kingston)举行,当时泰晤士河是威塞克斯和麦西亚之间的传统边界。埃塞尔斯坦将加冕礼定在那里,是想明确表明政治观点:他将成为两个王国的国王,不偏不倚,竭尽所能平衡公正。

埃塞尔斯坦将履行自己的承诺。在中世纪早期的国王中,埃塞尔斯坦独树一帜,终身未娶,也没有关于他有私生子的记录。他的父亲在生前因政治需要迎娶和废弃王后,先后有三任妻子,因此不乏继承人。埃塞尔斯坦曾亲历王位之争,并且在他即位后,内战一触即发。因此他发誓终身不娶,确保爱德华的儿子能继承王位。这有效地阻止了他的支持者和他兄弟的支持者之间的派系争斗,但代价是孤独一生。在这条艰难的道路上,埃塞尔斯坦有信仰为伴。在内心深处,他相信,上帝赐予他王权是为了让他保护和照顾臣民,如若不然,他的灵魂终将无处安放。

▲ 布鲁南布尔战役的杀戮已经让士兵们变得麻木

▲ 后世记载甚至表明，埃塞尔弗莱德亲自带领她的部下参战。这似乎不太可能，但她肯定负责麦西亚的战略部署

作为国王，为了更好地保护臣民，埃塞尔斯坦颁布了一系列法律，如15岁以下免除死刑；他的官员和庄园管家需要照顾有需要的人并为穷人提供食物。埃塞尔斯坦立志不让他的人民饿死，因为这是上帝赋予他的责任。

约克的维京国王意外去世，埃塞尔斯坦继承了父亲和姑妈的果敢，果断行动。诺斯曼人前往都柏林寻找新国王之际，埃塞尔斯坦借机挥军北上占领了这座城市，将诺森布里亚置于他的掌控之下。埃塞尔斯坦威望极高，927年7月12日，他召集所有不列颠国王集会，所有人都发誓效忠，并承诺不与异教徒结盟。埃塞尔斯坦以此确保他们打消与维京人联盟的想法。

埃塞尔斯坦的地位与欧洲大陆的国王相似，由于父亲的子嗣众多，他通过同父异母的姐妹们的婚姻与欧洲各地的王室建立政治联盟。

在北部边境，苏格兰国王君士坦丁却出尔反尔，决定背弃与埃塞尔斯坦的誓言。934年，埃塞尔斯坦对君士坦丁的不忠忍无可忍。他召集宣誓效忠的国王和王子们，率军北上，挺进苏格兰，一路上骚扰破坏，只是为了给君士坦丁一个教训。看到战力悬殊，君士坦丁一仗未打就宣布投降，表面上承诺会信守誓言。

但其实他在伺机而动。因为君士坦丁明白，自己根本不是埃塞尔斯坦的对手。后来，都柏林维京人国王奥拉夫·古斯弗里森的信使抵达，请求苏格兰国王支持，君士坦丁欣然同意，虽然他曾发誓不与异教徒结盟。还有一人也对埃塞尔斯坦的权威不满，他就是斯特拉斯克莱德国王奥万。三位国王结成了同盟，联合反抗埃塞尔斯坦。

双方在布鲁南布尔对阵。据《盎格鲁-撒克逊编年史》记载,"根据史书和圣贤之言,在此之前,这个岛从来没有发生过大规模的战争。"由阿尔弗雷德、爱德华、埃塞尔弗莱德和埃塞尔斯坦历尽艰辛建立的国家最终获胜。但是,筋疲力尽的埃塞尔斯坦没有乘胜追击。他向南缓行,并埋葬了他的两个堂兄弟。

两年后,939年10月27日,埃塞尔斯坦殚精竭虑,溘然离世。他的继任者是他同父异母的兄弟埃德蒙。埃塞尔斯坦去世后,奥拉夫·古斯弗里森再次占领约克,但941年,奥拉夫·古斯弗里森死了,这也给了埃德蒙夺回诺森布里亚的机会。946年埃德蒙去世后,北方的控制权又回到了维京人手中,但不久之后又被埃德蒙的继承人夺回,再无更迭。

北方的胜利使得英格兰成了统一的国家,由一位国王统治。阿尔弗雷德和他后代的使命终于完成。

国王的画像

这幅黑暗时代的著名画像描绘了英格兰历史上最伟大的国王之一

人们普遍认为阿尔弗雷德大帝是统一英格兰的开国元勋,他的许多成就确实不容置疑。然而,阿尔弗雷德其实并非人们所说的第一位"英格兰国王"。他只是威塞克斯国王,或者是曾经的"盎格鲁-撒克逊人的国王"。英格兰第一位真正的君主是他同样功勋卓著却鲜为人知的孙子——埃塞尔斯坦。

埃塞尔斯坦被称为战士国王,但他的成就远不止于此。他以虔诚著称。他修建修道院,收集文物,并对神学手稿有着浓厚的兴趣。934年,在北上的路上,埃塞尔斯坦曾去切斯特勒街(Chester-le-Street)参拜圣卡斯伯特。诚然,大约两个半世纪前卡斯伯特已经仙逝,但他作为圣人和代祷者的力量似乎丝毫不减,能够让前来拜访的国王更加强大。僧侣们虔诚地打开装有圣人尸体的石棺时,尸身仍旧未腐。

为了感谢圣人的代祷,埃塞尔斯坦决定委托编写福音书,并将其赠送给切斯特勒街的僧侣(他们后来将卡斯伯特的遗体迁至达勒姆,他的遗体至今仍安放于此)。封面背面是国王向圣人赠送福音书的画像。

画像上虽然没有名字,但他们显然是埃塞尔斯坦和卡斯伯特,国王已加冕为王,但他仍然在圣人面前鞠躬行礼。卡斯伯特举起右手祝福他面前谦卑的国王。因为他的礼物,也因为他的言行,埃塞尔斯坦得到了诺森布里亚德高望重的圣人的祝福,这是神的祝福,也是他的国民的祝福。埃塞尔斯坦给我们留下了他的肖像,他是英格兰历史上第一位留下画像的国王。

▲ 埃塞尔斯坦国王向圣卡斯伯特赠送福音书。威塞克斯家族非常尊敬卡斯伯特,而且卡斯伯特也是英格兰皈依基督教和身份的象征,因此在诺森布里亚,卡斯伯特的选择意义重大

八字胡斯韦恩和他的舰队抵达泰晤士河

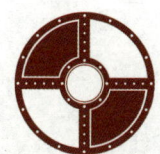

维京人卷土重来

八字胡斯韦恩征服盎格鲁-撒克逊英格兰

10世纪,维京人对英格兰的威胁似乎已经解除。盎格鲁-撒克逊人逐渐收复了维京占领区,战争终于结束。没有了维京人的侵扰,从959年开始的和平者埃德加国王的统治是英格兰的黄金时代。埃德加经常派遣他的舰队在不列颠海岸航行,准确无误地传达了一个信息,即袭击英格兰不可能再全身而退。维京人也心知肚明。

然而,埃德加去世后,美梦就破灭了。在他死后的短短几年内,维京人卷土重来。因为王位之争,盎格鲁-撒克逊英格兰派系林立。维京人的突袭也变本加厉。991年,维京舰队袭击了英格兰东南部。他们在埃塞克斯的马尔登与强大的盎格鲁-撒克逊军队对峙,并在这场著名的战役中大获全胜。

在此期间,有两个人举足轻重,分别是挪威人哈拉尔德·特里格瓦森(Harald Tryggvason)和丹麦人八字胡斯韦恩。他们原本可以合作,但最终成了竞争对手,根源在于挪威国王的归属问题。丹麦国王一直都觉得自己占据上风。

这一动荡时期的英格兰国王就是臭名昭著的埃塞尔雷德二世,人称"决策无方者"。他的应对策略就是"丹麦金"(Danegeld),即通过赔款来收买掠夺者换取和平,本质上是保护费。这种做法很有争议。赔款只会激励维京人下次再来,以索要更多的赔款。这是恶性循环,他们一次次缴纳更多的保护费。从长远来看,丹麦金严重损害了英格兰的经济,但这种方法也并非毫无可取之处。

斯韦恩得到半传奇战士约姆斯维京人的支持,到处偷袭。

▲ 牛津圣弗里德斯维德教堂，维京时代大屠杀遗址

最大的好处就是，哈拉尔德·特里格瓦森改信了基督教（而且非常虔诚，虽然当时他暴力成性），并返回挪威夺取王位。这件事的连锁反应是，八字胡斯韦恩为了与哈拉尔德争夺挪威，也离开了英格兰。最终斯韦恩获胜。999 年或 1000 年（传说和编年史的日期不同），他在挪威海岸附近的斯沃尔德战役（the battle of Svold）中彻底击败了哈拉尔德和他的舰队。

斯韦恩是丹麦第一位基督教国王哈拉尔蓝牙王（Harald Bluetooth）的儿子。斯韦恩和哈拉尔德·特里格瓦森一样野心勃勃。他无情地废黜了自己的父亲。斯韦恩背后有约姆斯维京人（Jomsvikings）的支持，据说他们活跃在波罗的海地区。在成为丹麦和挪威国王后，他希望将英格兰纳入麾下。他拥有强大的资源，而且只要价格合适，随时会有一群强壮而又经验丰富的战士为他而战。

1002 年英格兰发生的事件给了他一个完美的借口。同年 11 月，盎格鲁-撒克逊国王埃塞尔雷德对英格兰的丹麦居民或至少其中一部分居民发动了突袭，后世称之为圣布里斯节大屠杀（St Brice's Day Massacre）。出于某种原因，埃塞尔雷德觉得，斯堪的纳维亚定居者是国家的不和谐因素。这是一次有计划的屠杀，对象是英格兰的丹麦人。从长远来看，这次屠杀合法化了维京人对这个分裂国家的袭击，而且随后的袭击也越来越猛烈。

▲ 西斯伯里环一座古老的山堡遗址，在维京时代重新使用

编年史家认为斯韦恩主导了这些袭击，因为，据编年史记载，他的妹妹冈希尔德（Gunhild）及妹夫帕利格（Pallig）死于之前那场屠杀。据称，帕利格作用巨大，他接受了埃塞尔雷德的礼物并假装臣服于他。

考古发现表明当时确实发生过大屠杀。几年前的考古中发现了斯堪的纳维亚男子的遗骸，他们在牛津被烧毁的圣弗里德斯维德（St Frideswide）教堂被杀，死亡时间恰好是屠杀之时。教堂重建后重新完成的宪章中说，埃塞尔雷德将在此采取行动"清除小麦中的杂草"。这一措辞让人背脊发凉，但也说明丹麦定居者确实在英格兰为非作歹。

2009年，多塞特郡的韦茅斯（Weymouth）附近也有了惊人的发现，当时修建道路的工人发现了50多具斯堪的纳维亚血统人的遗骸。他们在10世纪末左右被处决，且都被砍掉了头颅，有些人还被捆住了双手。这些尸体被胡乱扔进一个废弃的采石场。遗骸的数量说明他们可能是一艘被俘或搁浅的维京船船员，但也可能是大屠杀的受害者，因为他们遇害的时间与大屠杀的时间吻合。

不断壮大的维京军队每年都会卷土重来，他们中多数是丹麦人，但也有挪威人和瑞典人。换取和平的价格逐年上涨，英格兰逐渐衰弱，无力抵抗。后来，斯韦恩看到了最终的战利品——英

▲ 13世纪手稿中的八字胡斯韦恩

格兰王冠——近在咫尺。有迹象表明英格兰不堪重负。造币厂从城镇转移到古老的山丘堡垒，如萨默塞特郡的吉百利（Cadbury）和西萨塞克斯的西斯伯里环（Cissbury Ring），这些地方很久以前就已被遗弃，但现在却迅速加固，以抵抗袭击。埃塞尔雷德国王似乎越来越无力反击，入侵者随时随地都能轻易取胜。

对于英格兰人民来说，这段时期血腥且暴力。1011年，坎特伯雷大主教艾尔菲亚（Ælfheah）被捕，这件事意义重大。他的城市和教堂被占领和洗劫，他也沦为维京人的阶下囚。

被关押七个月之后，他被送往格林威治，必须支付赎金才能获释。他太过固执，最后被一个维京醉鬼杀死，这激励了他的继任者托马斯·贝克特（Thomas Becket），当时贝克特也即将殉难。

这一事件表明，埃塞尔雷德和他的人民再也无力抵抗了。1013年，八字胡斯韦恩再次袭击英格兰，结局显而易见。他的队伍长驱直入，几乎一路游行穿过英格兰。只有伦敦还在反抗，但也孤立无援。眼看大势已去，埃塞尔雷德便让出王位，逃往诺曼底。这为斯韦恩成为英格兰国王扫清了障碍。但命运和他开了个玩笑，还没来得及正式加冕,他就骤然离世。斯韦恩的离世没有任何预兆,正因为如此,英格兰人认为他的死亡是上帝的杰作。甚至有故事说,一个多世纪前被维京人杀死的国王圣埃德蒙的幽灵出现在斯韦恩面前,用长矛将他刺死,因为斯韦恩破坏了东安格利亚为埃德蒙而建的大修道院,这是一种超自然的报应。

命运的惊人逆转几乎随之而来。埃塞尔雷德从诺曼底归来,意欲夺回王位。他率军突袭了斯韦恩的继任者斯韦恩之子克努特的军队。克努特缺乏经验,最后全军覆没。克努特被迫逃回丹麦,埃塞尔雷德开始庆祝这意想不到的胜利。不过,这位复辟的国王无法享受这突如其来的胜利,因为他年老体衰,即将不久于人世。他的儿子埃德蒙·艾恩塞德和克努特之间发生了一场恶战,克努特在逃离英格兰后不久重新带领大军压境。1016年年底,克努特大获全胜,埃德蒙战死。英格兰现在已是维京统治者的囊中之物。

马尔登战役
维京大获全胜

991年,维京人和盎格鲁-撒克逊人在埃塞克斯的马尔登交战,这也成就了盎格鲁-撒克逊文学史上的瑰宝《马尔登战役》。这首史诗纪念了维京人的胜利,文本的很大一部得以存留。

《马尔登战役》记录了盎格鲁-撒克逊勇士的勇敢和牺牲精神。他们的领袖拜尔特诺斯伯爵阵亡,将史诗推向高潮。这首诗也还原了历史,即伯爵最后被他的军队抛弃,他们宁可当逃兵,也不愿战死沙场。

维京人请求拜尔特诺斯伯爵让他们越过狭窄的堤道后,双方再公平较量。也许是不想胜之不武,伯爵同意了。在随后的残酷冲突中,维京人大获全胜。

结局已定,史诗中拜尔特诺斯高喊:"虽然我们兵力不足,但我们心志坚定,士气振奋,精神崇高。"这是最早的敦刻尔克精神,盎格鲁-撒克逊人的后裔后来也因此而闻名。

▲ 马尔登战役中拜尔特诺斯英勇牺牲的地方耸立着他的现代雕像

北方之王

1000多年前，年轻的维京战士成为英格兰国王。当时没有人能预料到他的影响竟如此深远

除了在挪威的失败统治，克努特国王的一生功勋卓著。他忠诚坚定地笃信并支持宗教。他与妻子艾玛是政治联姻，还被指控谋杀了自己的妹夫乌尔夫（Ulf）。除了统治英格兰和丹麦外，他还当上了挪威国王（时间较短）。他建立的王国被誉为"北海帝国"，他的统治如日中天。

克努特是丹麦人。他的曾祖父高姆老国王（Gorm the Old）是日德兰半岛耶林王朝（Jelling dynasty）的创始人。高姆是令人闻风丧胆的异教战士，但他的儿子哈拉尔蓝牙王却是虔诚的基督教国王。哈拉尔与他的儿子、著名的八字胡斯韦恩矛盾激烈，并最终酿成内战，哈拉尔流亡不久后含恨而终。斯韦恩成了新任国王，延续了维京人无情凶猛的作风，经常袭击不列

▲ 克努特画像，摘自休谟（Hume）、斯莫利特（Smollett）和琼斯的《英格兰史》

颠、爱尔兰和其他地方。

克努特是八字胡斯韦恩的儿子，出生于995年左右，具体生辰不详。当时的编年史对克努特18岁以前的人生没有记载，直到1013年，《盎格鲁-撒克逊编年史》才有关于他的记录。那一年，他陪同斯韦恩一同袭击英格兰。几十年来，袭击的规模不断升级，英格兰靠支付丹麦金换取和平。斯韦恩觉得英格兰大势已去，于是饿虎扑食般大举进犯。

克努特得到了丹内劳的支持，诺森布里亚也很快臣服于他。进入英格兰南部后，他的部队所向披靡。不久，英格兰国王埃塞尔雷德二世（决策无方者）及妻子艾玛和两个儿子爱德华和阿尔弗雷德相继仓皇出逃。英格兰似乎已经全面沦陷。后世将埃塞尔雷德二世视为反面人物，昏庸无能，决策无方。他统治时期内忧外患，这样的评价确实略显严苛，但毋庸置疑，他的统治无任何可取之处。

但就在这时，奇迹出现了，斯韦恩在加冕前突然离世。克努特当时远在丹内劳，未随斯韦恩南下。不久之后，英格兰突袭克努特的营地，令他猝不及防。埃塞尔雷德逃亡归来，克努特险些丧命，逃至丹麦。他留下的人质全因他而被削鼻割耳。

▲ 克努特统治时期的盎格鲁-丹麦战士，身着当时的传统服饰

▲《19世纪英格兰服装》中的插图,由克努特家族的查尔斯·H. 阿什当和克努特的第二任妻子艾玛创作

1015年,英格兰刚刚喘了口气,克努特就率领两百艘战舰,绕过"弗洛姆河口"(mouth of the Frome),驶入多塞特郡,拉开了与埃德蒙·艾恩塞德争夺英格兰控制权的序幕。埃德蒙·艾恩塞德是行将就木的埃德尔雷德国王和他第一任妻子的儿子。克努特和埃德蒙两人都非常年轻,只有20岁出头。他们在彭塞尔伍德(Penselwood)、舍斯顿(Sherston)和奥特福德(Otford)屡次交手,双方死伤无数。后来,克努特率军围攻伦敦,双方展开血战,僵持一年有余。

1016年10月,埃塞克斯的阿兴登(Ashingdon)战役是决定胜负的关键。克努特大获全胜,埃德蒙幸免于难,并与克努特达成协议,将英格兰其他地区割让给克努特,自己只管辖威塞克斯。但协议的有效期很短,因为1016年11月30日埃德蒙离世,克努特当仁不让,顺理成章成为整个英格兰的国王。

当时,英格兰人忧心忡忡,因为他们对维京人的残忍暴力心有余悸。他们担心新国王会想方设法榨干英格兰,而他早期的政策也似乎有此倾向。在位的第一年,克努特就残忍地铲除了他认为要密谋反抗的异己,其中就有麦西亚伯爵埃德里克·斯特里奥纳,他背叛旧主,口是心非,不值得信任。

1018年,克努特收取了迄今为止最多的丹麦金,包括伦敦的10500英镑和英格兰其他地区的72000英镑,这些钱在当时是巨额财富。这一举动的潜台词是,克努特将与维京海盗划清界限。现在战局已定,他不再是维京海盗了,他将按照自己的方式治理这个国家。

这个年轻人虽然不乏维京人的暴躁性情,但身上还具有不一样的特质。在牛津的一次议会上,克努特恢复了已故国王埃德加制定的法律。埃德加统治时期被誉为黄金时代,和平鼎盛。克努特此举非常明智。

他还出人意料地迎娶了已故国王埃塞尔雷德的遗孀艾玛。艾玛与已故国王育有两子:爱德华(后来的忏悔者爱德华国王)和阿尔弗雷德。克努特与北安普敦的艾尔夫吉夫(Ælfgifu of Northampton)也有两个孩子,即斯韦恩和哈罗德(后来的英格兰国王飞毛腿哈罗德)。婚后不久,艾玛又诞下哈德克努特。

不久之后,克努特没有子嗣的哥哥哈拉尔德去世,丹麦王位空缺,克努特毫无疑义地成为丹麦国王。大约同一时间,克努特任命自己的幕僚和嫡系担任要职以加强自己对英格兰的控制。比如戈德温伯爵,克努特派他作为全权代表前往国威塞克斯。戈德温后来迎娶了克努特妹夫的妹妹。联姻后的两大家族子嗣众多,包括哈罗德。未来,他将成为英格兰国王,并在1066年的黑斯廷斯战役(the Battle of Hastings)中被箭射中眼睛,不幸殒命。

挪威也曾经是克努特的父亲八字胡斯韦恩治下帝国领土的一部分。然而,好景不长,那里发生了暴乱,丹麦人的统治被推翻。叛乱的领袖是挪威新任国王奥拉夫·哈拉尔松(Olaf

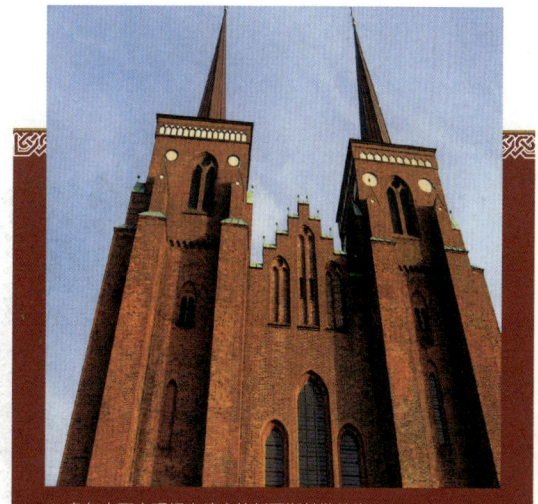

▲ 乌尔夫死亡现场上建立的新罗斯基勒教堂

克努特参与杀害他的妹夫乌尔夫

虽然克努特立志成为贤明君主,但在他统治期间,他与支持者们甚至大家族成员多有不和。乌尔夫娶了克努特的妹妹埃斯特丽德(Estrid)。在圣河战役(the Battle of Holy River)之前,有人就曾怀疑过乌尔夫。克努特的小儿子哈德克努特是丹麦名义上的统治者,但似乎乌尔夫试图趁虚而入,架空国王,独揽大权。

乌尔夫曾经在赫尔格战役中与克努特并肩作战。之后,他们一同回到丹麦,前往王都罗斯基勒。据说,为了一些鸡毛蒜皮的小事,他们起了龃龉。不过,这些微不足道的小事似乎不足以让两人互相猜忌,并让克努特痛下杀手。

但事实证明,克努特确实大为恼火,并派人杀死乌尔夫以绝后患。国王派去的杀手在罗斯基勒教堂发现了乌尔夫,但也有记载说乌尔夫是在皇家农场。当时的教堂并不是现在人们看到的埋葬丹麦君主的雄伟建筑,只是设计简单、大小适中的简陋"木板"教堂。虽然杀手们也曾因为教堂的神圣地位而犹豫不前,但伊瓦尔怀特(Ivar White)却不以为然,他毅然决然在教堂将乌尔夫残忍杀害。

这种违反基督教教义的行为引得民众一片哗然,但克努特对外却撇得干净,声誉无损,他的权谋手段由此也可见一斑。克努特的妹妹姑且当克努特与此事无关,但出于保护,她送走了自己的儿子斯韦恩[1]。也许是良心发现,克努特后来给了埃斯特丽德一笔巨款,用以在罗斯基勒修建一座更宏伟的教堂。

---

① 后来的丹麦国王,与八字胡斯韦恩同名。

▲ 克努特与埃德蒙·艾恩塞德战斗的铜版画,出版于 1773 年

Haraldsson）。奥拉夫与瑞典国王结盟并组建军队，准备进攻丹麦，克努特也组建军队应战。两军在瑞典南部的赫尔格（the Battle of Helgeå）交战。双方僵持不下，克努特最终获胜，重新控制了丹麦。

后来，克努特的妹夫乌尔夫死于罗斯基勒教堂（Roskilde Cathedral）大屠杀。此后不久，克努特前往罗马出席神圣罗马帝国皇帝康拉德二世的加冕典礼，这是他人生的高光时刻。被邀出席加冕典礼，表明了欧洲对这位维京国王的认可。英格兰和欧洲大陆都对此事件反响强烈。

克努特统治时期的另一重要功绩是与教会关系密切。他是英格兰和丹麦许多教会的赞助人，出手阔绰。他还任命挚友在教会担任要职。1020年，埃塞尔诺特（Æthelnoth）被任命为坎特伯雷大主教。这一任命极大提升了克努特的影响力和声誉，进而巩固了他的统治。

然而，就克努特而言，挪威问题并未妥善解决。在赫尔格战役后，奥拉夫国王在挪威的统治岌岌可危。挪威当时四分五裂，许多地区，尤其是荒野北部，国王鞭长莫及。克努特利用英格兰的巨额财富贿赂那些对当局心怀不满的挪威贵族。当他的军队抵达挪威时，奥拉夫的阵地不攻自破。

奥拉夫仓皇逃命，不久后又卷土重来，试图夺回王位，结果只是徒劳而返。伴他左右的是同父异母的兄弟哈拉尔德，即日后声名赫赫的哈拉尔德·哈德拉达（"无情者"哈拉尔德）。1066年，哈拉尔德于约克的斯坦福桥战役中战死沙场。奥拉夫在斯蒂克斯塔德战役（the battle at Stiklestad）中丧生。奥拉夫是坚定的基督教统治者，他死后不久就被追封为圣徒。

可惜，克努特不是成功的挪威国王。他任命他的第一任妻子艾尔夫吉夫和他的儿子斯韦恩为挪威的摄政王。然而，一场灾荒让他们的统治岌岌可危。当时，包括斯堪的纳维亚半岛在内的欧洲大陆大部分地区都遭遇灾荒。据称当时的统治非常严苛，叛乱频发，克努特政权最终被推翻。不久，奥拉夫的儿子马格努斯（Magnus）取而代之，成为新任国王。

克努特的帝国幅员辽阔且领土分散，这也让

退却潮汐
克努特最广为人知的轶事

克努特最广为人知的轶事是他曾坐在海边命令潮汐退落，结果可想而知。当时并没有关于此事的记载，直到一个世纪后，这个故事才出现在亨廷顿的编年史家亨利的著作中。然而，亨利的叙述让人浮想联翩，至今还被当作笑谈。

故事中，克努特坐在海边的宝座上，用专横的语气对着大海说话，要求潮水在他至高无上的尘世权力面前退去。这当然是无稽之谈。克努特随即告诉臣子们"国王的权力实为空虚，微不足道。尘世并未有真正的国王，唯有天、地和海洋亘古不变"。

这个故事讲述的不是一位目空一切的国王，而是统治者的谦逊智慧。他意识到与上帝的全能相比，他的权力不值一提。由此可知，当他对着奔涌的潮水发号施令，向阿谀奉承的朝臣们展示他的权力极限时，他已经知晓结果。这次经历对他影响深远。据说后来他再也不戴王冠了。这个故事寓意深刻，但其真实性却已不可考。

彩色蚀刻版画,克努特向朝臣证明自己其实无法让潮水退却

他的统治举步维艰，国家内部种族林立，三个核心国家——英格兰、丹麦和挪威都相对较"新"，这无疑是雪上加霜。管理这样的帝国绝非易事，克努特的儿子们虽然个个年轻体健，但在他死后，根本无法接替他的位置。

克努特有着"帝王梦"。罗马之行让他印象深刻。他对康拉德二世在加冕典礼上佩戴的王冠记忆犹新，回来后还为自己定制了复制品。之后，在往来信件中，他曾多次隐晦地自诩自己的国家为"帝国"，比如，他曾称自己为"英格兰、丹麦、挪威（当时未被征服）和瑞典的国王"。毫无疑问，克努特已经浅尝了帝王的权力与荣耀，他也在某种程度上标榜自己的行为，让国民效仿。

然而，矛盾的是，克努特也以谦逊闻名。正如前文所提，他对基督教会慷慨资助并因此赢得了尊重。在统治后期，他访问了英格兰北部。当时，为了参观达勒姆的圣卡斯伯特墓，他赤脚走了5英里。当时的编年史家写道，他不像国王，更像僧侣。虽然有些夸大其词，但就如当时的编年史家所言，他的行为让基督教为之动容。

他这样做也许是出于政治红利，也许是源于他根深蒂固的个人信念。但无论如何，这件事之后，克努特成为"现代"统治者，可以平等地坐在欧洲政治的圆桌，不再是口诛笔伐的掠夺者。

这的确给他带来了巨大的政治利益，比如他与康拉德二世的联盟。丹麦和神圣罗马帝国共享一条边界。这是一条漏洞百出、纷争不断的边界。而联盟带来了稳定，使克努特能够集中精力在挪威完成未尽之事。康拉德的儿子娶了克努特的女儿冈希尔达（Gunhilda），克努特从此在欧洲举足轻重。

然而，克努特生活节奏太快，因而身体透支。据记载，他身染疾病，经常觉得疲惫不堪。1035年11月12日，他在多塞特郡的沙夫茨伯里（Shaftesbury）与世长辞。多塞特郡极具象征意义，殉道的英格兰国王和圣人爱德华就长眠于此。克努特一生都十分敬重英格兰王室。比如，他通过恢复埃德加的律法向其致敬，他还拜访了格拉斯顿伯里修道院（Glastonbury Abbey）的埃德蒙·艾恩塞德墓，并为他献上饰有孔雀羽毛的华丽斗篷（孔雀在拜占庭帝国和基督教都象征复活）。

▲ 1017—1023年克努特大帝银币的正面

他不断拉近与被征服的民族之间的距离。尽管他课以重税，但民众还是拥戴他，因为他至少保障了他们和平与安全，与他统治之前40年的风雨飘摇截然不同。人们对他更多的是尊重而非爱戴，但前有埃塞尔雷德的统治阴影，这份尊重已经难能可贵。

克努特葬于温彻斯特盎格鲁-撒克逊皇家陵墓中。在这里，他可以与其他英格兰国王和圣徒促膝长谈。这也说明英格兰国王愿意接纳盎格鲁-撒克

英格兰的维京国王

解密英格兰的维京谱系

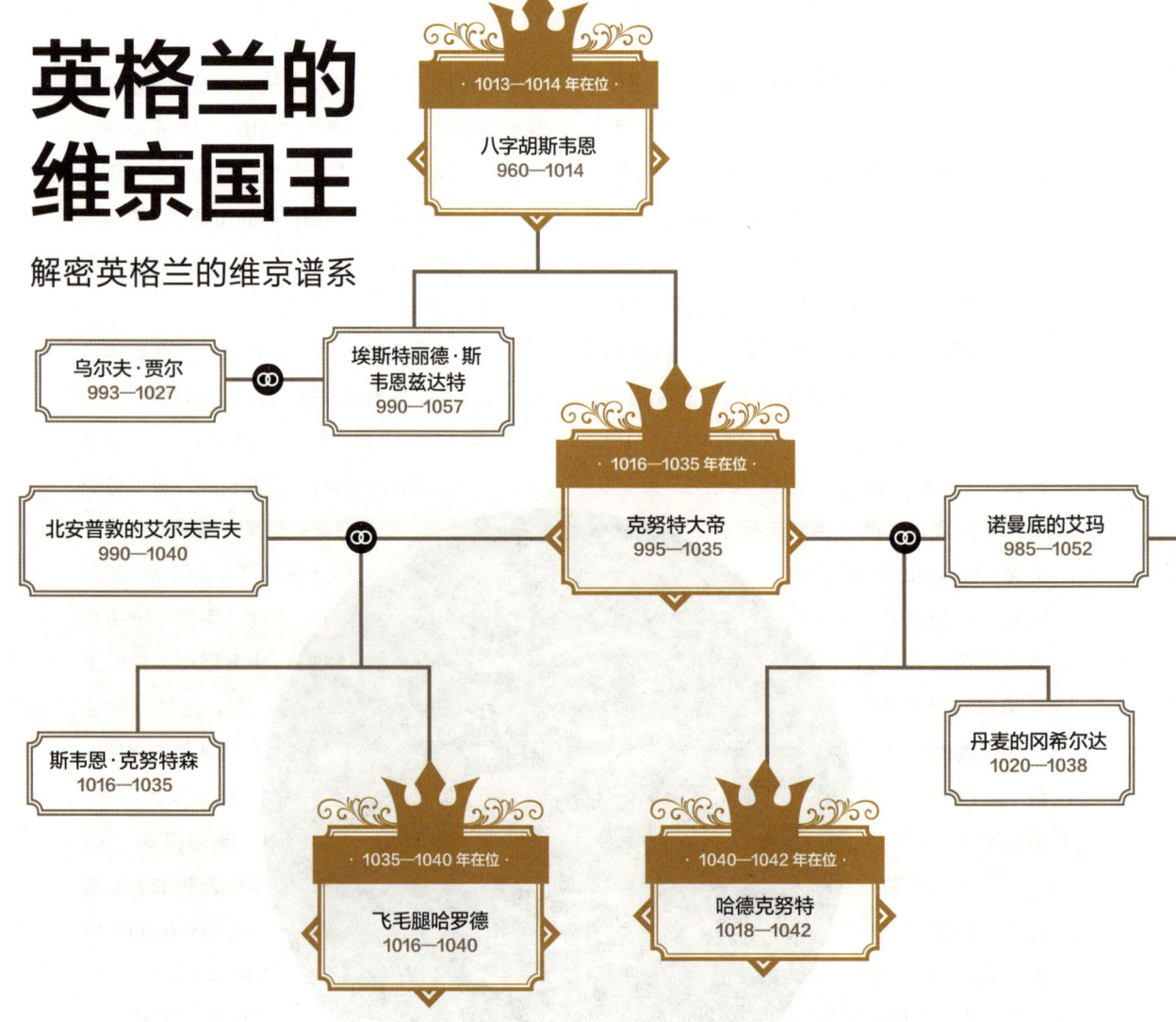

逊文化,而非仅是对英格兰臣民发号施令。具有讽刺意味的是,克努特的骸骨却不得安宁。

16世纪,他和他妻子艾玛的遗骸被装在存骨匣中,放在温彻斯特大教堂的长老会里。17世纪,英格兰发生内战,议会军队闯入温彻斯特大教堂,反君主制的士兵打破了存骨匣,用一根腿骨打破了大西窗的彩色玻璃。1660年英格兰复辟后,这些骸骨才被重新收集,并安放于存骨匣里。可是这些骸骨已经混在一起,身份难辨。在撰写本文时,温彻斯特大教堂建立了一个临时实验室,专家试图将两人的遗骨精准地分开,分别放入存骨匣中。唯有此,克努特和艾玛才能真正安息。

克努特建立了一个包括英格兰和斯堪的纳维亚半岛在内的王国,功勋卓著,但他的"帝国"在他死后很快分崩离析。他的继任者没有学到他的励精图治、高瞻远瞩,因此根本无法统治这个庞大的帝国。飞毛腿哈罗德是他与北安普敦的艾尔夫吉夫的儿子,哈德克努特是他与艾玛的儿子,他们先后成为国王,但也只是昙花一现。如果他们不那么短命,或许也能建功立业。

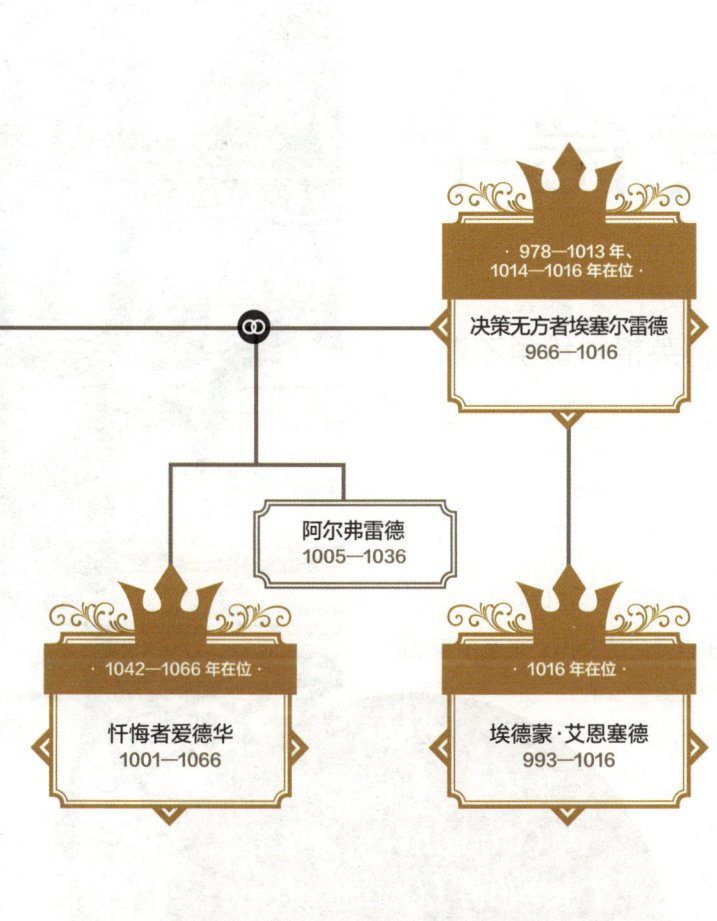

▲ 坎特伯雷大教堂的克努特彩色玻璃像

克努特死后，哈罗德成为英格兰国王，但不久后他也骤然离世。哈德克努特继任国王，但他也是个短命鬼，在一次婚宴上放纵过度也丢了性命。由于克努特的儿子相继离世，1042年，忏悔者爱德华成为国王，盎格鲁-撒克逊血统再次成为王室血统。忏悔者爱德华的祖先是威塞克斯的塞尔迪克，塞尔迪克自诩为《圣经》中亚当和日耳曼/北欧神沃登/奥丁的后裔。在随后的几个世纪里，几经更迭，今天的英国王室仍保留着这支血脉。

克努特是唯一一位同时统治英格兰和丹麦的国王（除哈德克努特的短暂统治外）。他平衡双方，将英格兰的巨大财富用到极致，并效仿其他政府，在丹麦建立了一个强大的民族国家。他重用英格兰教士，在丹麦新建教会，并注重实务，雇用英格兰货币家设计丹麦硬币。

其实，在丹麦，国民更能亲见克努特国王统治的实际成效。他的统治是英格兰乃至欧洲历史的明珠，璀璨夺目。

忏悔者爱德华

爱德华为国家带来了稳定与繁荣，
但未能指定王位继承人使得英格兰纷争不断

爱德华出生时，他的国家正饱受侵略蹂躏。他是埃塞尔雷德国王的长子，母亲是国王第二任妻子诺曼底的艾玛。埃塞尔雷德的第一任妻子已经生了至少六个儿子，他子嗣众多。1002年，鳏居的埃塞尔雷德迎娶了诺曼底公爵理查德的妹妹艾玛。1013年，八字胡斯韦恩的军队入侵，艾玛带着两个儿子爱德华和阿尔弗雷德逃到了诺曼底。在埃塞尔雷德去世后，他的长子埃德蒙·艾恩塞德接管军队，与八字胡斯韦恩的儿子克努特展开拉锯战。不久后，埃德蒙去世，他同父异母的兄弟爱德华再次逃亡。克努特现在稳坐王位，爱德华回国无望。

后来，克努特邀请爱德华的母亲艾玛回到英吉利海峡并承诺封她为王后，爱德华回来的机会就更加渺茫了。艾玛欣然接受，抛下两个儿子，与克努特完婚。克努特那时已经与前任妻子艾尔夫吉夫育有两子。根据婚姻协议，艾玛与克努特的孩子将优先继承王位，后来她真的生下了继承人。1018年，哈德克努特出生。

爱德华和他的弟弟阿尔弗雷德被母亲抛弃，相依为命在诺曼底长大。

> 爱德华还有一个妹妹戈吉夫（Godgifu），她嫁给了韦辛伯爵（Count of the Vexin）德罗戈（Drogo）。韦辛伯爵德罗戈去世后，戈吉夫又嫁给了布洛涅伯爵（Count of Boulogne）尤斯塔斯（Eustace）。

▲ 14世纪手稿中的克努特

由于克努特的集权统治，爱德华两兄弟几乎回国无望。如无意外，他们将默默无闻，被历史遗忘。但克努特于1035年11月12日去世，享年40岁。

艾玛立即采取行动，支持她的儿子哈德克努特继承王位。但问题是，哈德克努特在丹麦统治期间被拘留。克努特统治着一个包括丹麦、挪威、英格兰和瑞典部分地区的北方帝国，而克努特与艾尔夫吉夫之子飞毛腿哈罗德则在英格兰，谋划篡位。

绝望之中，艾玛想起了海峡对面她的另外两个孩子，他们也有王位继承权。1036年，没有任何战斗经验的爱德华乘船返回英格兰。迎接他的不是欢迎的队伍而是全副武装的军队。爱德华意识到他母亲的迎接与她的母爱一样都不可信赖，于是直接乘船返回诺曼底。但同年晚些时候，他的弟弟阿尔弗雷德决定试试运气。

戈德温伯爵接待了阿尔弗雷德和他的随从，他位极人臣。戈德温家族在克努特统治时期声名鹊起。戈德温迎接阿尔弗雷德和他的随从，并把他们带到吉尔福德（Guildford），设宴款待。等他们睡着后，戈德温

> 1014年，八字胡斯韦恩离世，埃塞尔雷德为了回国，将10岁的儿子爱德华派到英格兰。

▲ 威尔顿双联画（the Wilton Diptych）中的忏悔者爱德华（中）。这幅作品的创作者不详，可能是法国北部的画家

便痛下杀手。阿尔弗雷德的手下被杀害、奴役，阿尔弗雷德本人也被俘，在囚禁中，他的双眼被挖——盲人不能成为国王。不久后，年轻的王子伤重而亡。戈德温伯爵和艾玛原本支持哈德克努特，但通过多方斡旋，戈德温改投飞毛腿哈罗德。在哈德克努特的持续缺席下，飞毛腿哈罗德成功继位，艾玛被流放。这次她不是去诺曼底，而是去了佛兰德斯，因为在诺曼底爱德华应该不欢迎她。

然而，艾玛王后的宿命还没有终结。她为自己申辩，将自己洗白，重新与哈德克努特联系。1040年3月17日，飞毛腿哈罗德于英格兰病逝。艾玛带着她的儿子哈德克努特重返英格兰，再次成为女王。

1041年，哈德克努特出人意料地邀请他同母异父的兄弟爱德华从诺曼底回英格兰，与他一起统治。国王不是自愿分享权力，可能哈德克努特需要爱德华帮他巩固统治，但更有可能是哈德克努特身患重病，担心自己时日无多。很显然，艾玛希望自己的另一个儿子之后能成为国王。

1042年6月8日，哈德克努特在婚宴上驾崩。30多岁的爱德华，出乎意料地成为英格兰的新国王。

虽然身为国王，但爱德华的地位也岌岌可危：他在这个国家没有任何根基，那个年代，权力既依赖于军队也依赖于个人人脉。他是这片陌生土地上的陌生人。因此，爱德华别无选择，只能依靠贵族们的支持，其中最强大的是戈德温——虽然他是杀死自己弟弟的凶手。此外，爱德华可以利用戈德温与母亲抗衡，毕竟，母亲是他的另一大难题。

1043 年 11 月，在戈德温伯爵的护卫下，爱德华策马前往其母亲在温彻斯特的领地，没收了她的财产。虽然艾玛也得到了补偿，但她的时代结束了，她于 1052 年 3 月 7 日去世，与哈德克努特和克努特一起埋葬在温彻斯特。

恩惠是需要回报的，而且戈德温要价极高。1045 年 1 月 23 日，他的女儿伊迪丝嫁给了爱德华。由此，这位默默无闻、出身卑微的伯爵未来的外孙有望成为英格兰国王。

戈德温的儿女们非富即贵，他的长子斯韦恩和次子哈罗德被晋为伯爵。这个家族现在统治着英格兰南部的大部分地区。国王对此如鲠在喉，非常忌惮。因此，1051 年，爱德华开始对抗戈德温家族，起因是坎特伯雷大主教的任命，后来任命演变成了王权的斗争。爱德华联合北方伯爵，而戈德温和他的儿子们则组建了自己的军队。但是，当敌对双方在伦敦交战时，戈德温的手下不愿与国王作战，四散奔逃，戈德温孤立无援。他也曾想与爱德华谈判，但是国王在回信中说"除非把我的兄弟还给我"。

戈德温一家流亡国外。爱德华把王后送进了修道院。1051 年年底，爱德华真正掌握了他所统治的土地。但是，在流亡期间，戈德温一家正在策划东山再起，卷土重来。

关键时刻
有趣的出生时间
1001 年
爱德华是埃塞尔雷德国王第二任妻子的长子，出生于 1001 年左右。他的生年不详也说明他年轻时微不足道，《盎格鲁-撒克逊编年史》不会记录无缘王位王子的生辰。爱德华出生时，英格兰正遭受维京人的不断袭击，国家的战斗力持续衰弱。

时间线

1013 年 — 逃亡在外
八字胡斯韦恩入侵英格兰。王后艾玛带着两个儿子爱德华和阿尔弗雷德逃往诺曼底。

1014 年 — 埃塞尔雷德国王重返英格兰
埃塞尔雷德重返家园欲夺回王位，但很快就败给了斯韦恩的儿子克努特。

1016 年 4 月 23 日 — 国王离世
埃塞尔雷德死了，他的儿子埃德蒙·艾恩塞德率军与丹麦人作战。

1016 年 11 月 30 日 — 又一位国王离世
埃德蒙·艾恩塞德离世。斯韦恩的儿子克努特当仁不让成为英格兰国王。爱德华再次流亡。

1017 年 7 月 — 艾玛又成为王后
爱德华的母亲艾玛抛下孩子，回英格兰与克努特成婚，再次成为王后。

1016—1035 年 — 被遗忘的流亡王子
克努特王位稳固，爱德华和弟弟在诺曼底流亡。

1035 年 11 月 12 日 — 克努特时代终结
克努特离世。艾玛支持她的儿子哈德克努特争夺英格兰王位，但他在丹麦被拘禁了，无法返回。

1035 年 — 新的国王
飞毛腿哈罗德——克努特的另一个儿子，继任英格兰国王。

爱德华真的许诺威廉王位了吗？

据记载，爱德华确实许诺了。根据史料记载，1051年年初，为了打败戈德温家族，爱德华曾做出许诺，如果威廉支持他，他就可以成为王位继承人。虽然威廉曾被移出王室谱系，但他是爱德华的堂兄，毕竟有血缘关系。而且，爱德华也应该感谢诺曼底公爵在他流亡期间的庇佑。果如所料，威廉欣然接受。

但爱德华的承诺并不作数。1057年，他将埃德蒙·艾恩塞德长期流亡匈牙利的儿子（也叫爱德华）召回英格兰。作为国王家族的直系后裔，流亡者爱德华更有资格继承王位。

但是，回来两天后，流亡者爱德华就去世了。是谋杀吗？我们不得而知。这件事对于没有子嗣的国王身边的王位觊觎者们而言是重大利好。然而，流亡者爱德华有个儿子埃德加，他继承了父亲王位继承人的身份。但埃德加当时只有五六岁。爱德华国王的寿命能长到足以让埃德加长大成人，登基为王吗？

▲ 埃德加——流亡者爱德华的儿子，可以成为英格兰国王的男孩儿。但可惜，他还只是个孩子

关键时刻
终究还是国王
1041年
哈德克努特违反祖制，邀请爱德华回国，与他一起统治英格兰。他这样做要么是为了巩固自己风雨飘摇的统治，要么是因为他深知自己身患重病，而且没有子嗣，一旦病逝，爱德华就是继任者。不管是什么原因，30多岁的爱德华，出乎所有人的意料，成为国王。

关键时刻
击败戈德温家族
1051年
事情的根源是谁将成为坎特伯雷大主教。戈德温伯爵想要安插亲信，但爱德华坚持诺曼神职人员成为大主教。双方的博弈升级为全面的武装对抗，国王和北方的伯爵联合反对戈德温家族，戈德温家族退缩了。孤立无援的戈德温伯爵和他的儿子们逃亡国外。随即，爱德华就将他的王后戈德温的女儿送进了修道院。王国终于重归国王的掌控，还是……？

1036年	1036年	1040年3月17日	1040年6月17日	1042年6月8日	1043年11月	1045年1月23日
爱德华尝试回国 爱德华带着一小股势力登陆英格兰，但被迫撤离。	**阿尔弗雷德运气不佳** 爱德华的弟弟想要夺取王位，但被戈德温伯爵俘虏并挖去双眼。阿尔弗雷德不治而亡。	**又一位国王归于尘土** 飞毛腿哈罗德离世，年仅24岁。	**新国王到来** 哈德克努特登陆英格兰并加冕为国王。	**国王逝世，国王万岁** 哈德克努特离世。出乎所有人的意料，爱德华成为英格兰国王。	**和母亲的冲突** 爱德华抢夺母亲艾玛的财宝，并将她驱逐出宫廷。	**国王大婚** 爱德华迎娶戈德温伯爵的女儿伊迪丝。

最后的盎格鲁-撒克逊国王

英格兰最有权势的伯爵哈罗德在爱德华国王去世后夺取了王位。为了保住王位，哈罗德必须一直战斗，这一点，他心知肚明

戈德温家族为王室效力多年，他们深知：王位继承权只是口头承诺，实际要看继承人能不能守住王位。但这一认知代价惨重。哈罗德的祖父伍尔夫诺斯（Wulfnoth）是埃塞尔雷德国王的阴谋的受害者，但他的父亲戈德温因效忠克努特国王而位极人臣。

克努特去世后，戈德温一直是国王的缔造者，他先后辅佐飞毛腿哈罗德和哈德克努特登上王位。哈德克努特去世后，戈德温让本与王位无缘的爱德华继任成为国王，从而至少在心理上补偿了他对爱德华的亏欠，因为他杀死了爱德华的弟弟阿尔弗雷德。同时，戈德温将女儿嫁给爱德华，于是戈德温家族位极人臣。现在，戈德温伯爵已经开始憧憬他的外孙成为英格兰国王的情景。

但对于弟弟的死，爱德华没齿难忘。1051年，他开始打压强大的伯爵和他的家族。爱德华想任命诺曼神职人员罗伯特·德·朱米日斯（Robert de Jumièges）为坎特伯雷的新任大主教，但戈德温伯爵却强烈反对。爱德华很可

> 哈罗德的情妇，人称天鹅颈伊迪丝[①]，或美女埃德吉夫（Eadgifu），她可能是1066年之前英格兰拥有土地最多的人之一。

---

① 德国诗人海因里希·海涅的名诗《黑斯廷斯的战场》中将其称为天鹅颈伊迪丝。

▲ 哈罗德的手放在《圣经》上向威廉宣誓,他将辅佐威廉。作为"座上宾",哈罗德可能别无选择

能委派罗伯特向诺曼底公爵汇报了神父人选。随后,1051年春天,罗伯特离开英格兰前往罗马从教皇那里接受法衣,正式成为主教,并奉命传达爱德华的任命。

8月底,多佛尔(Dover)民众与爱德华妹夫的家臣起了冲突。爱德华命戈德温前去镇压,戈德温拒绝执行,国王和伯爵之间剑拔弩张,关系彻底破裂。戈德温联合他的儿子斯韦恩、哈罗德、托斯蒂格(Tostig)、吉尔斯(Gyrth)、利奥夫温(Leofwine)和伍尔夫诺斯[①]组建了军队。与此同时,爱德华联合北方伯爵,集结军队,英格兰内战一触即发。

想到内战,双方都心有余悸。戈德温伯爵同意到伦敦与国王当面对质,为自己的叛国罪辩护。两军驻扎在伦敦泰晤士河对岸,戈德温家族意识到力量平衡已经打破,时局开始对他们不利,因为他们的大部分支持者不愿意与国王作战。看到这一幕,爱德华对戈德温伯爵说除非把

---

① 与哈罗德的祖父同名。

> 11世纪50年代，戈德温家族的庄园年收入为8500英镑；国王的庄园才不过6000英镑。

弟弟还给他，不然没有任何商量的余地。

戈德温伯爵带着妻子和儿子斯韦恩和托斯蒂格逃到了佛兰德斯。哈罗德和利奥夫温流亡爱尔兰。戈德温家族在英格兰只剩下王后伊迪丝一人。戈德温家族逃亡后，爱德华将伊迪丝送进了修道院。国王终于掌控了自己的国家。

但好景不长。为了防止戈德温卷土重来，爱德华建立舰队，最初颇有成效。然而，1052年，戈德温也组建了自己的舰队。国王的船只换防期间疏于防范，在爱尔兰与哈罗德和利奥夫温的舰队汇合后，戈德温伯爵的舰队顺利穿过英吉利海峡，绕过肯特，并驶入泰晤士河。9月14日，他们抵达伦敦，停泊在南华克。爱德华临时拼凑了50艘战船迎战。戈德温家族要求国王归还他们的土地和伯爵爵位。这一次，胜利没有眷顾国王。涨潮时，戈德温的船只包围了停泊在泰晤士河北侧的爱德华的船只。国王战败，丢了王国。罗伯特·德·朱米日斯和爱德华的其他诺曼幕僚逃亡海外。接着，政治戏剧正式上演。戈德温伯爵面见国王，乞求原谅，并宣称自己无罪。爱德华略逊一筹，羞愧

▲ 为了救回弟弟，哈罗德踏上了命运多舛的旅程。随行的还有鹰和狗：狩猎是贵族生活不可或缺的组成部分，因此他们出国时会带着狩猎动物

▲ 哈罗德把王冠戴在头上。诺曼底记载中他并没有加冕，因此可以肯定，诺曼人在努力合法化哈罗德的统治

加封托斯蒂格为诺森比亚伯爵；1057年，他任命吉尔斯为东安格利亚伯爵；利奥夫温为伦敦周围各郡的伯爵。除了麦西亚，戈德温家族成了英格兰的实际统治者。国王爱德华也听之任之，基本不理朝政，每日醉心弥撒、狩猎，并在伦敦以西建造了一座新的大教堂——威斯敏斯特大教堂。

据记载，1064年，哈罗德越过英吉利海峡，成为诺曼底威廉公爵的座上宾。

哈罗德，毋庸置疑是这片土地最有权势的人，为什么要与威廉牵扯不清？诺曼底的记载表明，爱德华曾派哈罗德去见威廉，并承诺他死后由威廉继承王位。但是即使国王有如此想法，又怎能让哈罗德去传信呢？爱德华已经60多岁了，一直以来，都是哈罗德在治理整个国家，因此即使爱德华有此念头，他也绝不会让哈罗德捎信给威廉。英格兰编年史认为记载有误，一定是以讹传讹。

哈罗德拜访威廉事出有因：哈德罗有一个弟弟还在诺曼底。1051年的危机中，戈德温将他的小儿子伍尔夫诺斯交给爱德华作为人质。从那时到1052年戈德温重返英格兰期间，伍尔夫诺斯被送往英吉利海峡对岸的诺曼底，由威廉监管。从那以后，他就一直待在诺曼底。所以最合理的解释是，哈罗德此行的目的是接回弟弟。如果真是如此，那他的计划就落空了——哈罗德没能将伍尔夫诺斯带回家。但威廉得到了哈罗德的承诺，他会帮助威廉登上王位。哈罗德也从庞蒂厄伯爵（the Count of Ponthieu）的囚犯一跃成为威廉的"座上宾"，他似乎别无选择，为了换回弟弟，他必须给予威廉承诺。

1065年，哈罗德回到英格兰，结果发现他的弟弟托斯蒂格伯爵遇到了麻烦。叛军联合起来支持前任伯爵的儿子，打算废黜托斯蒂格，让莫

难当，但也别无选择，被迫将所有土地和头衔归还给戈德温家族。不久之后，爱德华将他的王后解除了囚禁，从修道院接回王宫。

当时，英格兰人尽皆知，爱德华只是傀儡，实际掌权的是戈德温家族。1052年，厄运降临戈德温家族，戈德温伯爵的长子斯韦恩去世。

1053年4月15日，这个家庭遭遇剧变，他们的族长戈德温伯爵撒手人寰。据编年史记载，他在复活节星期一的宴会上突然发病，在此之前，伯爵曾向上帝起誓，如果他做了任何伤害国王或他已故弟弟的事情，他就不得善终。另有记载说伯爵死于中风。伯爵去世后，哈罗德继承了威塞克斯伯爵的爵位。作为家族掌舵人，哈罗德开始为他的兄弟积极奔走。1055年，他成功

卡尔（Morcar）取而代之。由于对托斯蒂格的统治不满，叛军组建了一支庞大的军队。哈罗德亲自去和他们谈判，但叛军不同意托斯蒂格继续统治。哈罗德向托斯蒂格转达了叛军的要求，托斯蒂格指责哈罗德是叛徒。戈德温家族最大的砝码就是团结一致，但在当时的情况下，哈罗德不愿意为弟弟夺回爵位。1065年10月27日，哈罗德同意了叛军的要求，任命莫卡尔为诺森布里亚伯爵并恢复旧制。4天后，愤怒的托斯蒂格带着家人和家臣流亡国外。戈德温家族的团结土崩瓦解，并为日后埋下了隐患。

同年底，爱德华国王一病不起。1066年1月6日，爱德华病逝。哈罗德同日加冕为英格兰国王。

爱德华国王的临终嘱托

1066年1月6日，爱德华国王是否于垂死之际，将王位托付给了权势熏天的哈罗德·戈德温森伯爵？人们对此众说纷纭。大多数人都认为爱德华当时确实将王国的统治权交给了哈罗德。而且，据王后撰写的《爱德华的一生》记载，在决定国家未来的时刻，陪在他左右的有伊迪丝、她的兄弟哈罗德、坎特伯雷大主教和宫殿的管家。贝叶挂毯也再现了这个场景。但爱德华到底说了什么？同样，据《爱德华的一生》记载，国王要求哈罗德保护王后、守卫王国。这是对哈罗德最大的认可。但是，在英格兰，爱德华的遗嘱没有指定继承人，那么，新国王就需要由权贵推举产生。多年来，哈罗德一直与权贵关系融洽。因此，他们拥立哈罗德为国王也就不足为奇了。哈罗德在爱德华去世的同一天加冕成为英格兰国王。

▲ 贝叶挂毯上描绘的爱德华国王之死（场景的上半部分）。国王被他的仆人搀扶着，伊迪丝坐在床脚，大主教站在床旁，哈罗德跪在地上，国王向他伸出了手

诺曼征服

- 142　英格兰的丹麦斧战士
- 150　1066年王位之战
- 164　埃德加·埃特林
- 168　黑斯廷斯战役后盎格鲁-撒克逊英格兰的抗击
- 181　黑斯廷斯如何改变历史
- 194　如果……历史又当如何书写?

英格兰的丹麦斧战士

侍卫亲兵神秘莫测,他们真的是传说中无所畏惧的战士吗?

1066年[1]广为人知,但有多少人知道英格兰其实早在50年前的1016年就被征服了?当时的入侵者是克努特,他的胜利将一个半世纪以来维京人对英格兰的进攻推到了顶峰。然而,在征服之后,丹麦人并未改变英格兰的传统和文化,但他们创造了一个新的兵种——侍卫亲兵。1066年,诺曼人登陆,与威廉军队作战的主力就是哈罗德国王的侍卫亲兵——这极具讽刺意味——这意味着维京人将对战诺曼骑士。诺曼人也是维京人的后裔,因此英格兰之战变成了维京人的自相残杀。

哈罗德的侍卫亲兵主导了在英格兰的战斗,他们傲然屹立在森拉克山(Senlac Hill)顶,用盾牌墙阻挡威廉的军队。当诺曼骑士冲上山坡时,英勇的战士走出队列,将盾牌揳入大地,双手挥舞着巨大的丹麦斧。丹麦斧杀伤力很大,可以将马匹和穿着护甲的骑兵一分为二。

哈罗德的大部分侍卫亲兵都是自由民兵

[1] 指1066年诺曼征服。

（fyrd），战时，他们会拿起武器为国王效力。这些农民和工匠，手持长矛，身着皮革护甲，手握盾牌。他们坚强勇敢，但不是士兵。侍卫亲兵与士兵截然不同。

侍卫亲兵一词源于古挪威语，意思是房子、男人或仆人，1016年克努特获胜后，侍卫亲兵一词首次出现在英语文献中。他们是贵族的家仆，时而是战士，时而是税吏。克努特为侍卫亲兵制定了全新的规章制度，丹麦语称《卡斯特伦西斯法》。在赢得英格兰王位后，国王用丹麦金支付军费。人们觊觎英格兰主要是因为其高额的税收，20年来英格兰支付了大笔丹麦金，即使国力不胜从前，克努特仍筹集了30800千克白银用作军费。

克努特保留了40艘船作为常备军，军费由常规税收支付。然后，他颁布了一项法令，想要成为他的侍卫亲兵就必须拥有镀金的斧头和剑柄以示财富。为了巴结新主子，不少丹麦人、盎格鲁人和撒克逊人都纷纷申请加入侍卫亲兵行列。当时克努特的帝国幅员辽阔，横跨海洋，包括英格兰、

▲ 装饰精美的金属头盔是精英战士地位的标志

战争誓言

盎格鲁-撒克逊侍卫亲兵的理想——随时准备付出生命

忠诚

忠诚是盎格鲁-撒克逊战士的最大美德。其实，整个盎格鲁-撒克逊社会都是如此。侍卫亲兵许下效忠主人的誓言。这些誓言让他们忠诚可靠、高尚勇敢。即使领主战死，他们也将继续战斗，直到战死。这种忠诚在古英语诗歌《马尔登战役》中得到了最好的诠释。领主被维京人杀害后，有人用这句话激励同伴："虽然我们兵力不足，但我们心志坚定，士气振奋，精神崇高。"这些话语是否也在哈罗德的侍卫亲兵脑海中浮现，让他们在国王身边战斗到最后一刻？

勇气

没有勇气，忠诚一文不值，至少11世纪的英格兰就是这样。《贝奥武夫》等史诗中所歌颂的勇气既有盎格鲁-撒克逊人固有的宿命论色彩，也有基督徒式的畅想希望。忠诚的侍卫亲兵的勇气建立在双重信念之上，一是失败不容狡辩，二是忠诚必有回报。

荣誉

中世纪早期的战士最看重荣耀。侍卫亲兵与其领主被义务和信任的纽带捆绑在一起，但战斗的胜利会为他们带来极大的荣耀和无上的荣光。

慷慨

国王通过慷慨馈赠让战士为自己效忠。有时，国王甚至可以将王国拱手相让。战斗胜利后，盎格鲁-撒克逊国王会将战利品分发给士兵，因此，在盎格鲁-撒克逊诗歌中"戒指赠送者"是国王的代名词。然而，这却使战争制度化，因为通常获取战利品的唯一方法就是赢得战争。

威望

对所有盎格鲁-撒克逊人，尤其是战士而言，言语至关重要。当时的文化仍停留在口头文化层面，其价值观由王室诗人或游吟诗人传递。言语和故事记载着战斗中的英雄事迹和国王的丰功伟绩，从而将民族的历史铭记传承。谜语和歌曲是打发漫长夜晚的最好方法；演说和谩骂是战斗的前奏，可以鼓舞士气，打压对手。

侍卫亲兵的武器和装甲

武器和士兵——使侍卫亲兵成为令人闻风丧胆的战争机器

锁子甲（豪伯克）
锁子甲是侍卫亲兵领主最好的馈赠。身穿甲胄的战士战死沙场后，身上的盔甲很难剥下。锁子甲可以防止刀剑或长矛砍伤，是士兵的必备装备。

头盔
据贝叶挂毯记载，两支军队都配备诺曼头盔。只有领袖佩戴金属头盔。鼻罩既可以保护面部，又不会遮挡视线。

锁子甲外套
锁子甲价格昂贵。外套可以保护头部、颈部和肩部。外套、头盔和锁子甲可以有效护住上半身。

丹麦斧
克努特和他的手下在英格兰推广双手丹麦斧。在诺曼征服之前的50年里，丹麦斧成为英格兰国家的首选武器。

甘布森（Gambeson，软铠甲）
侍卫亲兵在锁子甲里边穿着一件带衬垫的绗缝夹克，以缓冲狼牙棒和战锤等钝器的攻击，并增加一层保护，防止受到利器的伤害。家境贫寒的战士只能依靠绗缝夹克防御敌人。

剑
剑是地位最高的武器，但在盾牌墙面前作用却并不明显。盾牌墙一旦被撕开，双方开始混战之时，剑就派上真正的用场。

盾牌
典型的盎格鲁-撒克逊战士的盾牌是圆形的，中央有一个凸台。盾牌由石灰、桤木或杨木制成，这些轻质木材不易破裂。到了11世纪，泪滴形盾牌被广泛使用，它的保护面积更大，可以护住全身。泪滴形盾牌更容易揳入地中，所以侍卫亲兵借助这种盾牌的保护，双手挥舞丹麦斧。

瓦姆巴斯护臂（Vambraces）
战士使用皮革手套来保护前臂。

西克斯腰刀（Seax）
"撒克逊"一词源于"seax"（西克斯腰刀），即盎格鲁-撒克逊人挎在腰间的刀。腰刀是一种单刃武器，水平置于腰间的刀鞘中，刀刃朝上。腰刀通常很小，在战斗中不会造成太大伤害，但可以杀死近身敌人。

长矛
长矛是那个时代最常见的武器。可以携带长矛是自由人的标志，因为奴隶无权配备。长矛是盾牌墙战术的理想武器。长矛能逼退敌人，并带领盾牌墙向中间区域推进。一些长矛有小的凸起或翅膀，可以钩住敌人的盾牌并将其拖走。长矛通常被架于臂上，攻击时瞄准敌人的面部。

标枪
战争伊始，双方会互投标枪。士兵躲在盾牌墙后向敌人投掷标枪。投射精准的话，标枪就可以穿透盾牌。即使没有穿透盾牌，嵌入盾牌的重量也会将盾牌向下拖动，使手持盾牌的人失去保护，成为攻击目标。

格里夫斯护腿（Greaves）
考古发掘表明，那一时期的战争中，战士腿伤普遍，但护腿的考古发现却非常罕见。一些战士可能使用皮革来保护小腿。

▲ 贝叶挂毯，记载了黑斯廷斯战役中侍卫亲兵挥舞丹麦斧的同时投掷长矛

丹麦、挪威和瑞典的一些地区，他必须依规管理王国和侍卫亲兵。按照规则，国王议事时人们必须依次就座，最高贵勇敢的人离国王最近，违规者被罚坐到桌子另一端，其他侍卫亲兵可以向他投掷骨头和碎屑。

违反法律的侍卫亲兵必须接受公开审判。克努特也不能凌驾于规则之上。他曾因怒杀一名侍卫亲兵后接受公开审判。虽然被无罪释放，但他还是缴纳了罚款。

一般来说，杀害侍卫亲兵的惩罚是流放或死刑，而叛国罪则判处死刑和没收财产。作为回报，克努特为侍卫亲兵提供食宿、娱乐和丰厚的薪酬。侍卫亲兵不需要当班，但根据《卡斯特伦西斯法》，他们每年只有一天可以离岗，那就是新年前夜。这天国王会分发礼物，所以这天几乎人人在岗。根据《卡斯特伦西斯法》，克努特设有常备军，军费开支由税收支付，并遵守特定的法典。这一时期，王权越发巩固，欧洲其他地方

都无法与之匹敌。

总体而言，侍卫亲兵与长期为盎格鲁-撒克逊国王效力的贵族别无二致。

侍卫亲兵，特别是那些隶属于王室的侍卫亲兵，除了战争之外还有其他职责，我们可以从克努特的儿子哈德克努特的短暂统治窥见一斑。与前任国王、他已故的同父异母兄弟飞毛腿哈罗德的支持者没有任何交集，哈德克努特带着62艘船抵达英格兰海岸。他毫无争议地成为国王，却必须给他的大臣开工资，并且像他的父亲一样，通过税收聚拢财富。哈德克努特派往王国各地的税官中有他自己的侍卫亲兵，其中被派往伍斯特（Worcester）的两名侍卫亲兵惹恼了当地民众，被驱逐出境。

哈德克努特大为光火，命令手下的侍卫亲兵前往攻打伍斯特并血洗城池。幸运的是，伍斯特人民提前知道了消息，全部逃走。侍卫亲兵抢劫了5天，最后一把火烧了整座城池。

列队出战

侍卫亲兵的首要任务是战斗，但他们是如何战斗的，用的什么武器？

英格兰晚期的盎格鲁-撒克逊侍卫亲兵与众不同之处在于武器——丹麦斧——及广泛使用的泪滴形"诺曼"盾牌。与所有盎格鲁-撒克逊战士一样，他们徒步作战。地位崇高的战士才能骑马，成为盾牌墙的前排及国王和伯爵的私人护卫。

丹麦斧杀伤力很强。它的斧柄通常有3—4英尺长（用于陈列展示的一般更长），可以双手挥舞。斧头很轻，锻造得很薄，带有加固的碳钢切削刀刃。挥舞丹麦斧需要双手，侍卫亲兵必须放下盾牌。这就是"诺曼"盾牌的意义所在，因为盾牌可以楔入身前的泥土中阻挡射来的箭矢。在双臂自由的情况下，侍卫亲兵可以通过绕圈挥动丹麦斧蓄力。由于惯性太强，在丹麦斧打击范围内的敌人很可能被一切两半。贝叶挂毯展示了一个侍卫亲兵将诺曼骑士的马头切成两半。在战斗中，他也可能将马上的骑士一切为二。

▲ 组成盾牌墙是盎格鲁-撒克逊人的主要战术之一

▲ 在黑斯廷斯战役中，哈罗德国王战死后，侍卫亲兵们还在浴血奋战

侍卫亲兵是王室或贵族的家臣，薪水丰厚，但他们不是雇佣兵。雇佣兵是士兵，谁付钱就为谁而战。区别在于，侍卫亲兵为主人效力，并领取报酬，领取报酬和忠诚至死并不矛盾。

报酬及领主赠送的礼物，让这些没有土地的人能够买得起装备。仅有少数侍卫亲兵拥有土地。土地是当时财富的主要来源，所以他们必须依靠战斗或报酬、礼物和战利品来打造和维护自己的战争装备。装备越华丽，表明使用者的地位越高。在命悬一线的战场，战争装备至关重要。

这些地位崇高的战士为国王和领主效忠，并且凭借艰苦训练和精良武器，组成了一支精锐步兵。

当年，哈罗德的军队站在森拉克山上挥舞着丹麦斧，驱赶着王冠的觊觎者。虽然战败，但许多幸存者流亡并东迁罗马拜占庭皇帝的宫廷。在黑斯廷斯战役之后，英格兰的侍卫亲兵又成了瓦兰吉（Varangian）卫队，人称盎格鲁-撒克逊部队。来自遥远北方的侍卫亲兵在世界的中心最后一次效忠他们的国王，浴血沙场，华美谢幕。

1066年王位之战

三位国王都觊觎忏悔者爱德华的王位，
英格兰的统治者必将一将功成万骨枯

哈罗德·戈德温森的军队已经筋疲力尽。几周前，他们在斯坦福桥那场漫长而又残酷的战斗中击退了北欧入侵者。随后，他们马不停蹄，带着辎重装备奔袭400千米，途中，哈罗德得知诺曼底的威廉已在佩文西（Pevensey）海岸登陆。他的军队大多驻扎在北方，他别无选择，只能快马加鞭，阻止威廉。

哈罗德站在山上俯瞰黑斯廷斯附近的巴特尔镇，他的旗帜在晨风中飘扬。随后他审视了自己的军队，他们已经疲惫不堪，有些人饱受伤病的折磨。但他毫无选择，因为这些人将决定英格兰的命运。无论是否准备妥当，他对威廉都势在必得。

忏悔者爱德华在位23年，是在位时间较长的盎格鲁-撒克逊君主。爱德华没有继承人，他对这一优势大加利用。他将王位继承人当作筹码，去结交拉拢那些野心勃勃的贵族。但也仅此而已，因为他未必兑现。然而，这一切终将结束。1065年年底，爱德华病重，陷入昏迷。他曾短暂苏醒，让哈罗德·戈德温森保护他的遗孀和王国，随后撒手人寰。

爱德华所说的"保护"到底是什么意思？他真的拱手将王国交给哈罗德，还是只是让他来辅佐新任国王，对此人们众说纷纭。然而，最终的决定权在贤人会议。爱德华去世之前，贤人会议已经开始物色继任国王人选。他们一致认为，继任者必须是英格兰人，品行端正，且有王室血统——哈罗德满足所有条件。

▲ 弗兰克·威尔金的画作《黑斯廷斯战役》中，威廉从哈罗德的头上拿走了英格兰王冠

尽管家族历史动荡不安，但哈罗德多年来一直效忠爱德华，最终成为他最信任的幕僚。哈罗德是威塞克斯伯爵，战功赫赫，位极人臣。爱德华娶了哈罗德的妹妹，哈罗德家族也是克努特大帝的远亲。但更重要的是，英格兰的贵族们非常尊重哈罗德，他备受拥戴，且忠实可靠。贤人会议一致同意哈罗德继承王位，除了哈罗德，根本没有其他候选人。威廉和其他王位觊觎者却认为哈罗德的王位不够名正言顺，甚至传言他弑君篡位。

作为国王，哈罗德近乎完美。他魁梧雄辩，战功卓越。但是很可惜，在他统治时期，英格兰内忧外患，人民苦不堪言。当时很多人觊觎王位，哈罗德加冕时，诺曼底公爵威廉就曾大发雷霆。他一直坚信自己应该是英格兰国王，因为他是爱德华的远房表亲。他还说，几年前爱德华曾允诺让他继任王位，而转达这一允诺的，正是哈罗德·戈德温森本人。

> 直到1120年，威廉才被称为"征服者"。

威廉没有出现。风浪困住了他的船只,船队供给不足。哈罗德于是让军队各归各位,自己也回到了伦敦。哈罗德可能知道威廉迟早会卷土重来,但他还有另一个问题要处理——兄弟阋墙。在哈罗德返回伦敦的同一天,挪威的哈拉尔德·哈德拉达——最后一位维京国王——将他的长船舰队停驻在泰恩(Tyne)河口,并与哈罗德的弟弟托斯蒂格会合。

托斯蒂格以前是诺森布里亚的统治者,诺森布里亚包括从亨伯河水到特威德(Tweed)的大块土地。他凶狠残暴,臣民对其恨之入骨。1065年,约克贵族占领了诺森布里亚,杀死了托斯蒂格的幕僚,并推翻了托斯蒂格的统治。叛军对托斯蒂格深恶痛绝,一致要求爱德华将他流放。然而,与叛军会面的不是爱德华,而是他忠实的幕僚哈罗德。哈罗德时值手握重权,他正式宣布结束托斯蒂格的统治。这位脾气狂躁的弟弟绝不会善罢甘休。在国王的议会上,他强行闯入并公开指责哈罗德意图造反。哈罗德已经意识到当时因威廉的觊觎,英格兰岌岌可危,无奈之下,他只能流放了他的亲弟弟。

哈罗德这样做是为了确保北方的安稳和平。如果托斯蒂格继续统治,北方会暴乱四起,但他的弟弟却因此心生怨恨。托斯蒂格逃离英格兰在佛兰德斯避难,后来他决意复仇,并开始策划回国。托斯蒂格知道自己与哥哥力量悬殊,所以他开始寻找盟友;他曾想与威廉结盟,但最终与挪威国王哈拉尔德三世合作。

哈拉尔德三世比威廉更无权继承王位。英格兰以前由丹麦国王哈德克努特统治,他与挪威国王马格努斯达成协议,如果其中一个没有继承人,另一个将继承其王位。哈德克努特死后没有子嗣,所以马格努斯成为丹麦国王。然而,忏悔者爱德华加冕为英格兰国王时,他并不在场。哈

这个故事的真实性我们不得而知,但可以肯定的是,爱德华在他统治期间向许多贵族做出了类似承诺,但威廉似乎不了解英格兰的继任者不能由国王钦定。爱德华并没有明确将威廉立为继承人。但威廉却深信不疑,并处心积虑想要推翻新国王哈罗德。他很快就制定了入侵英格兰的计划,组建了一支由大约700艘战船组成的舰队,挺进英吉利海峡。

起初,威廉声称哈罗德曾在祖先陵前许诺将王位让给自己,他此次行动只想夺回王位。教会也出资赞助威廉扩充军备。哈罗德深知这位野心家意欲何为,于是他在怀特岛集结军队。然而,

1066 年的入侵

1066 年 9 月 20 日
北欧入侵者在富尔福德战役（the Battle of Fulford）中获胜；约克投降。

1066 年 9 月 8 日
240~300 艘维京长船抵达泰恩茅斯（Tynemouth）。

1066 年 9 月 25 日
哈罗德在斯坦福桥战役中击溃了哈拉尔德和托斯蒂格的部队。

1066 年 9 月 24 日
哈罗德抵达塔德卡斯特（Tadcaster）。他的军队从伦敦长途奔袭 320 多千米，风尘仆仆。

1066 年 9 月
25~30 艘挪威船只驶离。

1066 年 10 月 14 日
哈罗德国王战死，诺曼人获胜。

1066 年 10 月 13 日
哈罗德的部队从斯坦福桥日夜兼程抵达黑斯廷斯。

1066 年 10 月 14 日
约 5000~7000 人参加了黑斯廷斯战役。

1066 年 9 月 28 日
大约 700 艘诺曼船只抵达佩文西。

▲ 哈罗德·戈德温森国王看着他叛逆的兄弟托斯蒂格的尸体，旁边躺着哈拉尔德·哈德拉达

▲ 哈罗德是英格兰最后一位加冕的盎格鲁-撒克逊国王

拉尔德是马格努斯的叔叔并与他共同治理国家，所以他觉得英格兰是自己的属国。英格兰现在由爱德华幕僚的儿子统治，这让北欧君主大为光火，于是他决定趁机扩张领土。

哈拉尔德是否在启航前与托斯蒂格达成协议不得而知，但不管怎样，哈拉尔德8月出发，并于9月8日与托斯蒂格会面。很明显，托斯蒂格需要哈拉尔德的帮助，因为他只有 12 艘战船，而哈拉尔德至少有 240 艘。哈拉尔德大肆洗劫和烧毁沿海村庄，随后将目光投向了托斯蒂格的旧属地约克。哈拉尔德拥有军队，而托斯蒂格比任何人都更熟悉这片土地，所以若他们狼狈为奸，不容小觑。

抵抗这支联合部队的是埃德温和莫卡尔，即麦西亚和诺森布里亚领主。他们知道托斯蒂格和哈拉尔德正向他们进发，于是集结了大约5000人的部队，觉得他们可以轻而易举打败入侵者。两军在约克郊区的富尔福德交锋。

挪威人

- **指挥官：** 哈拉尔德·哈德拉达、托斯蒂格·戈德温森。
- **兵力：** 约10000人，其中6000人已就位。
- **主力部队：** 经验丰富的战士在河岸附近的坚实地面上蓄势待发。
- **优势：** 占据了制高点，占据了位置优势，以及绝对的数量优势。
- **弱点：** 无。
- **伤亡：** 约750人。

VS

盎格鲁-撒克逊人

- **指挥官：** 诺森布里亚的莫卡尔、麦西亚的埃德温。
- **兵力：** 约5000人。
- **主力部队：** 盾牌兵。
- **优势：** 在维京全军到达之前提前发动攻击。
- **弱点：** 首发位置不利，沼泽地减缓了进攻速度。
- **伤亡：** 多达1000人。

> 在斯坦福桥战役之后，300艘战船的舰队只剩24艘，载着幸存的维京人回家。

富尔福德战役

战场位于沼泽湿地。英格兰的驻地右侧是乌斯河（River Ouse），左侧是沼泽地区，这样两侧都可以独立作战。哈拉尔德必须迅速决断，因为英格兰军队已经严阵以待，但他的部队还没集齐，许多部队距此还有几个小时的路程，所以他必须巧妙部署。他让经验不足的部队充当先锋，而主力部队则留在河岸。英格兰人知道哈拉尔德在拖延时间，于是迅速展开攻势。他们冲破了挪威防线，北欧人不堪重击，被迫退往沼泽地带。

哈拉尔德找到了制胜之法。他命令部队采用钳形阵型，将英格兰军队困在沟渠上，截断他们与另一侧军队的联系。挪威军队不断赶来，他们开辟了对抗盎格鲁–撒克逊人的第三条战线。沼泽的战斗残酷凶猛，两军在厚厚的泥泞中疯狂地厮杀。英格兰人数占优，但却囿于沟渠，爬出来的人也都只顾仓皇逃命。最终，英格兰士兵的尸体覆盖了整个沼泽，入侵者踏着他们的尸体继续前进。

败局已定，约克投降。哈拉尔德和托斯蒂格承诺不强行入城，也许是因为两人不想洗劫掠夺自己的"新首都"。双方约定在大约11千米外的斯坦福桥交接人质，战役也在此偃旗息鼓。富尔福德之战是哈拉尔德最后的胜利，也是斯堪的纳维亚军队最后一次打败英格兰军队。

胜利的侵略者并不知道，哈罗德和他的部下已经日夜兼程从伦敦出发。虽然威廉的入侵威胁迫在眉睫，但哈罗德还是决心先击退入侵者。他和他的军队短短4天奔袭近300千米。托斯蒂格

挪威人

- **指挥官：** 哈拉尔德·哈德拉达、托斯蒂格·戈德温森。
- **兵力：** 约9000人，其中3000人后来赶到。
- **主力部队：** 斧头兵。
- **优势：** 几乎无法穿透的盾牌墙。
- **弱点：** 毫无准备，许多人没有穿戴盔甲。
- **伤亡：** 约6000人。

VS

盎格鲁－撒克逊人

- **指挥官：** 哈罗德·戈德温森。
- **兵力：** 约15000人，远超挪威兵力。
- **主力部队：** 侍卫亲兵。
- **优势：** 出其不意。
- **弱点：** 需要穿越桥梁的狭窄阻塞点。
- **伤亡：** 约5000人。

斯坦福桥战役

▲ 哈德拉达实际上是个昵称，哈拉尔德的意思是"强硬的统治者"

和哈拉尔德可能想到了哈罗德会反击，但他们没想到国王和他的军队会不远千里前来迎战。当他们前往斯坦福桥交接人质时，没做任何准备。

入侵者心情愉悦，于是放松了警惕，许多人甚至把盔甲留在了船上，那些监视哈罗德的人也都在草地上放松或外出打猎。这时，南方突然出现了一群全副武装并准备战斗的盎格鲁-撒克逊士兵。据说，战斗开始前，一个勇士骑马来到哈拉尔德和托斯蒂格面前，告诉托斯蒂格，如果他不与北欧国王狼狈为奸，国王将授予他伯爵爵位。托斯蒂格随后问骑手哈拉尔德会得到什么，骑手回答说："6英尺的土地……可能更多，因为他比大多数人都高。"哈拉尔德对骑手印象深刻，向托斯蒂格询问他的名字；托斯蒂格说，这不是别人，正是哈罗德本人。

无论是否属实，双方都无意达成协议或休战，而是要遵旧例一劳永逸地解决问题。乱成一团的北欧军队集结起来，部署防御。英格兰人轻而易举地切断了德文特河（River Derwent）西侧的入侵者，但桥挡在了他们面前，他们必须过桥才能继续前进。

北欧人趁机组成三角形盾牌墙，战斗正式开

> 据说威廉的军队由来自诺曼底、布列塔尼、阿基坦、法国等地的士兵组成。

始。盎格鲁-撒克逊人疲惫不堪，但意志坚定，他们反复冲击敌军的盾牌墙，一次又一次。双方僵持不下，战斗持续了几个小时。然而，身无盔甲让北欧人伤亡惨重，人数急剧下降。哈拉尔德被箭射中气管身亡，托斯蒂格也在奋战过的土地上结束了生命。埃斯坦·奥雷（Eystein Orre）率领增援部队，从里考尔（Riccall）马不停蹄赶来，但也于事无补，他们无法压制盎格鲁-撒克逊军队的势头。号称奥雷风暴的部队已经疲惫不堪，据说抵达战场后，许多人就因疲劳过度而倒地暴毙。他们暂时拖住了守军，但是在意志坚定的哈罗德面前，他们不堪一击，只能仓皇逃命。

对于哈罗德而言，斯坦福桥战役取得了史诗般的胜利，让他成为英格兰重权在握、值得信赖的国王。然而，哈罗德战胜仅3天后，另一位准国王就登陆了他的海岸——威廉终于来了。哈罗德对威廉心有忌惮，这也事出有因，毕竟诺曼底公爵确实让人闻风丧胆，名不虚传。

威廉是他父亲的情妇所生，所以他一生难逃"私生子"的身份。他的敌人直呼其"私生子"。从七八岁起，他就因身份而备受指责。想得到任何东西，他都必须自己努力争取。威廉成长于乱世，一直被野心勃勃的贵族利用，他们希望利用他获得权力。在统治的最初几年，威廉忙于镇压叛乱。尽管如此，但他意志坚定，迎娶了佛兰德斯的玛蒂尔达（Matilda）。终于，威廉克服重重困难，夺取并巩固了王权。

威廉与哈罗德并不陌生，威廉在哈罗德被扣为人质时对他有恩，两人也曾并肩作战。有记载称，哈罗德曾从流沙中救出了威廉的两名士兵，

▲ 一枚褪色的银币，上面是哈罗德·戈德温森的肖像

两人一同打败了威廉的敌人柯南二世（Conan II），威廉馈赠哈罗德骑士身份。他们曾经是挚友，现在成了敌人。威廉到来的时机对哈罗德大为不利，但对他自己却大有裨益。威廉有足够的时间在黑斯廷斯建造木质城堡，突袭周边地区，并为即将到来的风暴做好充分准备。反观哈罗德，他没有丝毫防范。英格兰国王将他的主要兵力留在了北方，跟随他的士兵必须在大约一周内从伦敦向南奔袭。到达黑斯廷斯附近的森拉克山时，他们已经人困马乏、筋疲力尽了。

哈罗德知道出其不意的战术在这里行不通，所以他在山顶上建立了防御阵地，且侧翼有沼泽保护。他将最强壮的战士侍卫亲兵挡在阵前。上午9点，号角响起，诺曼人发起攻击。弓箭手首先出击，箭矢如雨点般飞向英格兰军队。哈罗德身居高山，并有坚固的盾牌墙保护，因此毫发无损。

威廉随即改变策略，开始强攻。他兵分三路，并率军居中，教皇的旗帜在他头顶飘扬。进攻异常凶猛惨烈，但仍未撬开盎格鲁-撒克逊人的盾牌墙，他们无功而返。哈罗德的部下士气大振，乘胜追击逃跑的诺曼人。这时，谣言四起，说威廉战死。威廉察觉到士气低落，他推开头盔，命令他们攻击从山顶冲下的英格兰军队。诺曼军队重振旗鼓，英格兰人溃不成军，几乎是有来无回，死伤惨重。

中午时分，双方休战，原地休整。威廉决定改变战术。鉴于刚刚取得的胜利，他决定再次引敌下山。战斗重新开始，诺曼骑兵冲进盾牌墙。战斗残酷至极，双方伤亡惨烈，乱战中哈罗德的兄弟接连倒下，但是盾牌墙仍旧固若金汤。诺曼

▲ 这份13世纪的手稿记载了哈罗德在黑斯廷斯被威廉杀害

人按照指令佯装溃退,哈罗德的军队再次跟下山来。但威廉的军队突然转身扑向了他们。

战斗一直持续到下午4点,英格兰军队人数急剧下降,盾牌墙越来越短,抵抗越来越弱。威廉瞅准时机,全面出击,弓箭手也继续射箭,这一次终于大功告成。盾牌墙被攻破,诺曼人肆虐斩杀余下的侍卫亲兵。哈罗德本人也战死沙场。

哈罗德是死于眼部中箭还是死于剑下,众说不一。著名的贝叶挂毯描绘了这两种不同的场景。我们只知道,他的意外阵亡对军队产生了巨大的影响。盎格鲁-撒克逊人群龙无首,开始四散奔逃,躲入树林。然而,哈罗德的侍卫亲兵继续战斗,直至战死。

威廉的军队同样伤亡惨重,多年后人们在山坡上仍能见到士兵的残骸。哈罗德的母亲请求威廉归还她儿子的遗骸,但是威廉断然拒绝,声称哈罗德应该葬在他浴血守卫的国土沿岸。有传言说哈罗德没有战死,而是躲藏起来,终有一天会东山再起,重新夺回领地。威廉也许这一次大获全胜,但想要真正成为英格兰及其人民的统治者,还需要更多时日。

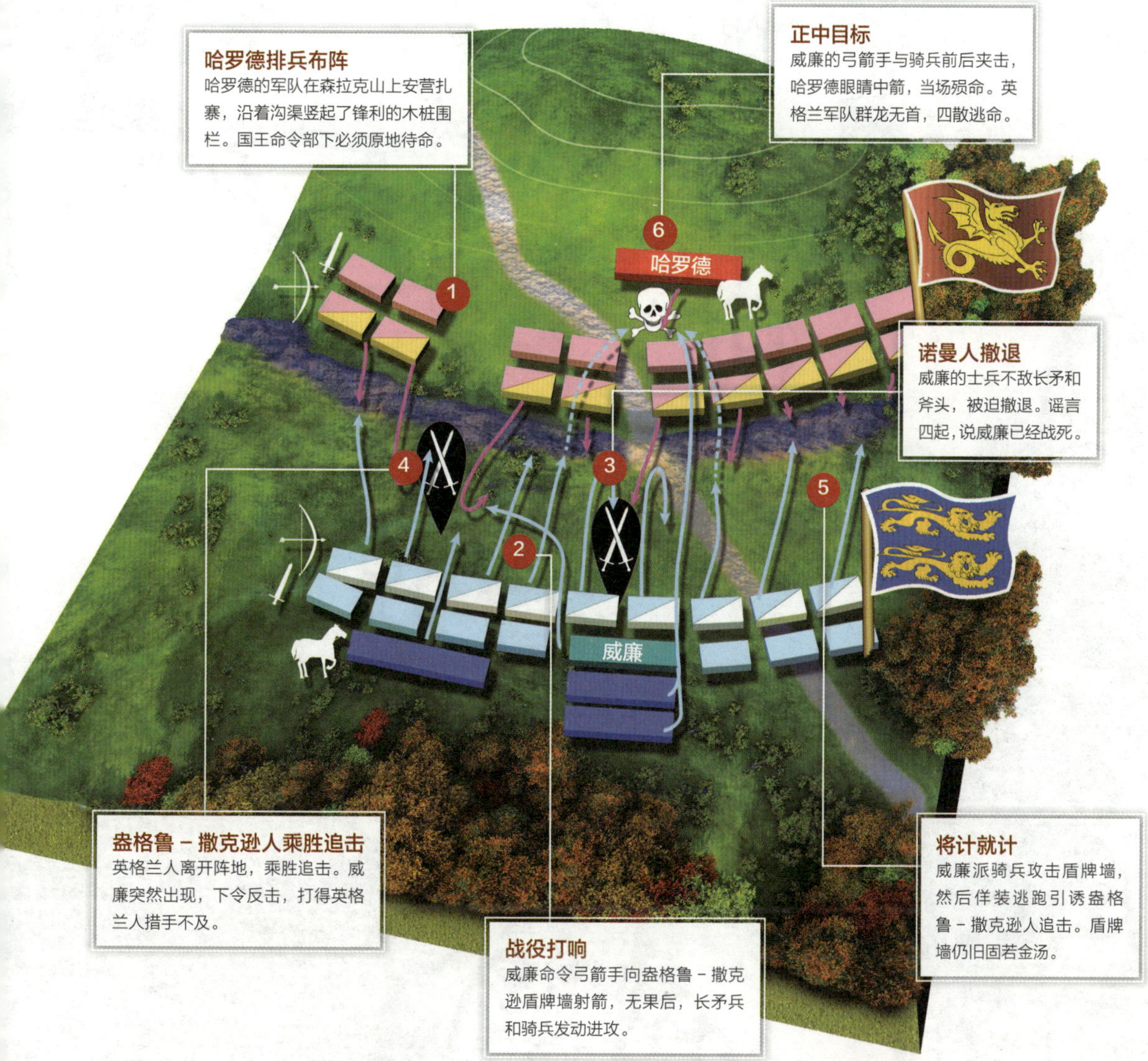

哈罗德排兵布阵
哈罗德的军队在森拉克山上安营扎寨,沿着沟渠竖起了锋利的木桩围栏。国王命令部下必须原地待命。

正中目标
威廉的弓箭手与骑兵前后夹击,哈罗德眼睛中箭,当场殒命。英格兰军队群龙无首,四散逃命。

诺曼人撤退
威廉的士兵不敌长矛和斧头,被迫撤退。谣言四起,说威廉已经战死。

盎格鲁-撒克逊人乘胜追击
英格兰人离开阵地,乘胜追击。威廉突然出现,下令反击,打得英格兰人措手不及。

战役打响
威廉命令弓箭手向盎格鲁-撒克逊盾牌墙射箭,无果后,长矛兵和骑兵发动进攻。

将计就计
威廉派骑兵攻击盾牌墙,然后佯装逃跑引诱盎格鲁-撒克逊人追击。盾牌墙仍旧固若金汤。

诺曼人

- **指挥官**:诺曼底的威廉。
- **兵力**:约7000~12000人。
- **主力部队**:诺曼骑兵。
- **优势**:经验丰富的领导者和蓄势待发的部队。
- **弱点**:首发位置不利,英格兰人占领山顶,主力有侧翼保护。
- **伤亡**:伤亡惨重,具体未知,但肯定不及盎格鲁-撒克逊人。

盎格鲁-撒克逊人

- **指挥官**:哈罗德·戈德温森。
- **兵力**:约5000~13000人。
- **主力部队**:国王的护卫,或侍卫亲兵。
- **优势**:杀伤力巨大的战斧。
- **弱点**:最近在斯坦福桥战役中遭受伤亡较大,缺乏骑兵。
- **伤亡**:伤亡近半。

黑斯廷斯战役

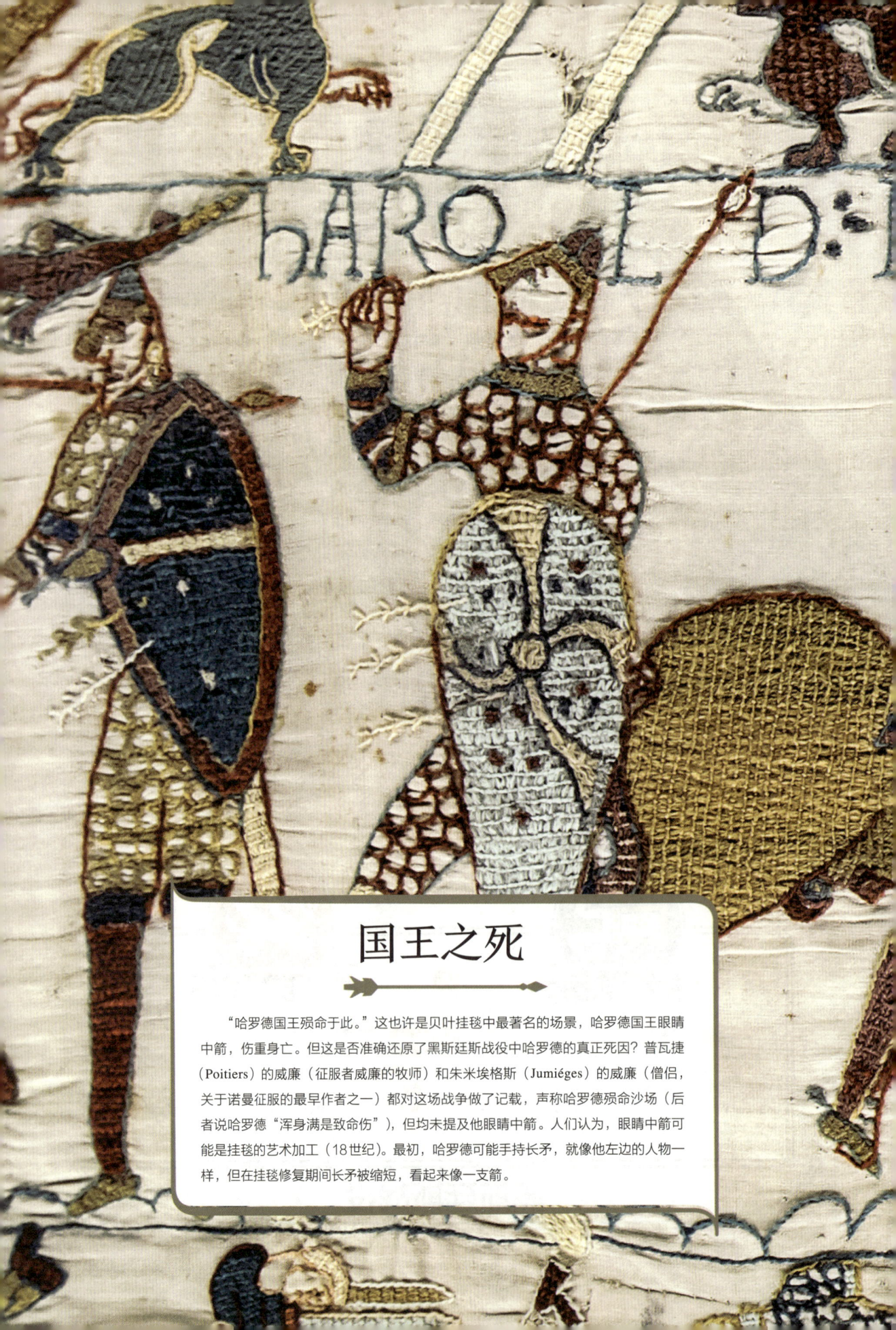

国王之死

➤―――――

"哈罗德国王殒命于此。"这也许是贝叶挂毯中最著名的场景，哈罗德国王眼睛中箭，伤重身亡。但这是否准确还原了黑斯廷斯战役中哈罗德的真正死因？普瓦捷（Poitiers）的威廉（征服者威廉的牧师）和朱米埃格斯（Jumiéges）的威廉（僧侣，关于诺曼征服的最早作者之一）都对这场战争做了记载，声称哈罗德殒命沙场（后者说哈罗德"浑身满是致命伤"），但均未提及他眼睛中箭。人们认为，眼睛中箭可能是挂毯的艺术加工（18世纪）。最初，哈罗德可能手持长矛，就像他左边的人物一样，但在挂毯修复期间长矛被缩短，看起来像一支箭。

埃德加·埃特林

哈罗德·戈德温森去世后，他的部队群龙无首，四分五裂，盎格鲁-撒克逊英格兰的未来现在掌握在一个鲜为人知的少年手中

哈罗德躺在战场上奄奄一息，威塞克斯家族也几近强弩之末。盎格鲁-撒克逊军队四分五裂，挪威人撤回斯堪的纳维亚半岛，威廉在争夺英格兰王位的竞争中占了绝对上风。这时有一个人挡在了他的面前，他就是鲜为人知的盎格鲁-撒克逊王子埃德加。

埃德加不是最佳的国王人选，但却是唯一可以延续盎格鲁-撒克逊血统的男性。他的祖父是前盎格鲁-撒克逊国王埃德蒙·艾恩塞德，父亲是流亡者爱德华。埃德蒙被克努特击败，逃亡海外无缘王位。父亲流亡者爱德华流亡期间，埃德加在匈牙利出生。1057年，在忏悔者爱德华统治期间，他们全家返回英格兰，爱德

> 埃德加有两个姐姐：玛格丽特是苏格兰王后，克里斯蒂娜是修道院院长。

▲ 圣诞节，威廉在威斯敏斯特教堂加冕时，埃德加无力反抗

哈罗德二世的身份继承了王位。黑斯廷斯战役后不久，伦敦的贤人会议就得知了哈罗德的死讯，任命埃德加为英格兰国王。这无异于赌博，但要保持盎格鲁-撒克逊血统，他们别无选择。忏悔者爱德华的合法继承人终于登上了王位，但诺曼底的威廉一直虎视眈眈，维京人也在觊觎，他的统治能持续多久？

埃德加并未正式加冕。伦敦紧急成立了一个摄政委员会，以他的名义代为统治。他们计划筹措军队，以完成哈罗德未了的心愿——斩杀威廉，并将诺曼人从英格兰的土地上赶走。埃德加的支持者精心策划，想要利用依旧强大的海军来切断法国对诺曼人的支持，但因为很多贵族战死在了黑斯廷斯，所以没人能践行这一计划。

从黑斯廷斯到伦敦，威廉所向披靡，势如破竹；同时，埃德加和他的追随者也获得了足够的支持，在伦敦桥与之对垒。最初，形势对埃德加还算有利，但固执的威廉下定决心拿下伦敦。诺曼军队洗劫了萨里、汉普郡（Hampshire）和伯克郡（Berkshire），最终包围了伦敦。伦敦的东南部地区遭受猛攻，盎格鲁-撒克逊贵族接连放弃抵抗。坎特伯雷大主教斯蒂甘德（Stigand）是埃德加最强大的盟友之一，在诺曼人真正到来时，他也屈膝投降了。埃德加想要逃走，但他和随从在赫特福德郡的伯克汉姆斯特德（Berkhamstead）落入敌手。

▲ 第一次十字军东征中埃德加表现出色，得到了日耳曼和拜占庭皇帝的大量馈赠

华指定埃德加的父亲为继承人。埃德加的父亲归国后不久便离开人世，一家人随即入住王宫。

1066年1月，忏悔者爱德华去世，继承危机席卷英格兰。由于没有直接继承人，埃德加成了顺位继承人，但他太过年轻。因此，哈罗德·戈德温森以

埃德加被押送回伦敦。在仅统治了两个月后，这位少年国王就被迫退位。1068年，这位前国王与家人一起向北逃往苏格兰。

埃德加从未把自己当作英格兰国王，但他愿意支持那些反对诺曼霸权的人。当时，伦敦、温彻斯特和英格兰南部的大部

> 埃德加没有子嗣，可能是因为他担心后世遭人迫害。

分地区都在威廉的铁腕统治之下，于是埃德加与苏格兰国王马尔科姆三世（Malcolm III）结盟，驱逐诺曼人，并设法与北欧人结盟。可惜，威廉买通了北欧人，然后不遗余力，对北方实行焦土政策，摧毁了所有抵抗力量。

埃德加深知不敌威廉且随时可能丢掉性命，他随即逃往诺曼底。埃德加别无选择，只能向诺曼底王室求和，并在威廉的宫廷中默默无闻。10年后，埃德加开始蠢蠢欲动，第一次十字军东征期间他随军东征，在圣地安条克（Antioch）和耶路撒冷投入战斗。他于1126年去世，他的离世也带走了盎格鲁-撒克逊国王夺回英格兰王位的最后希望。

不仅仅是一个未曾加冕的国王

1095年，第一次十字军东征，许多英格兰的盎格鲁-诺曼人响应教皇乌尔班二世（Urban II）前往圣地的请求，也包括埃德加·埃特林，他在收复英格兰失败后热衷战斗。他在君士坦丁堡与十字军会合，并负责指挥一支英格兰舰队。

埃德加的领导才能在战争中得以施展。十字军征服耶路撒冷，并建立了新的基督教王国。埃德加功勋卓著，得到了日耳曼和拜占庭皇帝的慷慨馈赠，而且他们还在各自的宫廷中为他留有一席之地，但他都婉言拒绝。

埃德加打算重返英格兰。十字军东征期间，他与诺曼底公爵罗伯特二世并肩作战，并与之结盟。亨利一世在位时，希望在欧洲大陆扩展领土。埃德加和罗伯特二世在廷什布雷战役（the Battle of Tinchebray）中与亨利一世作战，战败后被捕入狱。此后他退隐英格兰南部。

▲ 1099年，在漫长而又血腥的围困之后，十字军开始征服耶路撒冷，这场战争几乎以失败告终

黑斯廷斯战役后盎格鲁-撒克逊英格兰的抗击

1066年10月14日,威廉击败哈罗德·戈德温森,国王战死,但英格兰并未就此臣服

诺曼人和盎格鲁-撒克逊人最后的抵抗力量殊死搏斗

哈罗德尸横沙场，脸部受伤严重，无法辨认。附近躺着他的兄弟吉尔斯和利奥夫温。诺曼底公爵威廉蚕食取代了古老的盎格鲁-撒克逊家族，成为英格兰新任统治者。

1066年10月15日清晨，森拉克山周围一片狼藉。威廉孤注一掷，以命相搏，最终如愿以偿，将哈罗德置于死地。

威廉公爵（他此时还不是国王）将他的军队撤回黑斯廷斯，《盎格鲁-撒克逊编年史》记载，"……在那里耐心等待，想知道人们是否会臣服于他"。可惜事与愿违。

哈罗德虽死，但这并不意味着威廉顺理成章就能成为新国王。盎格鲁-撒克逊王位继承人由贤人会议指定。贤人会议是王国贵族的集会。在

▲ 一枚刻有征服者威廉头像的银币。将他的肖像印制在硬币上有助于扩大他对英格兰的影响力

埃德加深感无望，恐慌和绝望在民众中蔓延开来。

黑斯廷斯战役中,许多英格兰贵族战死沙场,但得以幸存的贵族仍足以选出新任国王。事实也正是如此。当时伦敦到处都是身着甲胄的贵族——有战争中幸存和其他没来得及赶去黑斯廷斯的贵族——如伊德温伯爵(the earls Eadwine)和莫卡尔伯爵,以及坎特伯雷和约克的大主教,他们宣布忏悔者爱德华国王的远房侄孙埃德加王子为新任国王。埃德加当时只有15岁,是阿尔弗雷德大帝最后幸存的血脉。在所有英格兰王位的觊觎者中,他最有继承权。当时,哈罗德一手遮天,在忏悔者去世时将年轻的埃德加驱逐,并加封他为牛津的第一任伯爵。

然而,威廉坚信自己的选择,他不会坐等英格兰人双手奉上王冠。"当他发现他们并无此意时",威廉怒不可遏,率军前往。他们攻打的第一站是罗姆尼。对罗姆尼而言,这简直就是灭顶之灾。诺曼军队误打误撞,从罗姆尼登陆,一路上烧杀掳掠。之后,威廉率军向东推进前往多佛尔。多佛尔没有城堡(虽然很快就会有),但是多佛尔地理环境优越,易守难攻。然而,威廉的辣手无情让守军吓破了胆,他们出城投降,城池也被付之一炬。威廉明了该地的战略地位,因此停留期间,他在多佛尔建造了城堡。

威廉此时恍然大悟,想要统治英格兰,就必须占领伦敦。于是,他在多佛尔留下驻军守住后方,之后率领大军直奔首都。沿途城镇的居民闻风丧胆,纷纷投降。他们有理由恐惧:诺曼军队所到之处,烧杀抢掠,片瓦不留。

然而,伦敦与其他地区截然不同。在泰晤士河的远岸,守卫者敢于跨越伦敦桥出击。伦敦

黑斯廷斯战役胜利后,诺曼人仍然通过战争巩固对不列颠群岛的控制

反击威廉

反对威廉的游击战持续了5年,英格兰大部分地区,特别是北部地区遭到严重破坏。游击战多发生在北方

1 哈罗德·戈德温森的母亲吉莎带领埃克塞特叛乱,等待哈罗德的儿子们的雇佣兵前来增援。威廉围攻埃克塞特,经过激战,埃克塞特失守,吉莎逃走。

2 第一次重大叛乱发生时,埃德加·埃特林得到了麦西亚伯爵和诺森布里亚伯爵的支持。威廉的军队摧枯拉朽,大获全胜。叛军被迅速镇压,领导人却逃之夭夭。

3 威廉新任命的诺森布里亚伯爵罗伯特·卡明与数百名手下在达勒姆遇难。北方的暴乱者占领了约克,威廉迅速赶到,赶走叛军。叛军无处藏身,只能躲到东部的沼泽地。

4 又有叛乱发生。威廉在斯塔福德城外打败了叛军。

5 北方焦土政策。收买丹麦人后,威廉率军摧毁了北部地区。

6 盎格鲁-撒克逊抵抗的回光返照,由觉醒者赫里沃德(Hereward the Wake)领导,但最终以失败告终。

▲ 由于没有画像存世，后世对威廉一世的描绘是我们唯一的参考

吉莎从属地埃克塞特向英格兰其他城镇传递消息，要求联合反对征服者。她还派遣亲信联系丹麦宫廷。

桥始建于12世纪末，在后来的伦敦桥兴建之前，这里是国家的象征。虽然英格兰人无功而返，但是诺曼人也无法攻下桥梁或跨越河流。年轻的埃德加仍然是一国之王，躲在这片水域和高耸的城墙之后，毫发无损，安然无恙。围城已持续一月有余。只有那些迫于诺曼军队淫威的沿途城镇臣服于威廉。

面对英格兰人的抵抗，威廉采取了可怕的战略。水陆联合攻击既无可能，诺曼人便开始全面破坏。他们向西挺进，穿过汉普郡、伯克郡和牛津郡，然后来到沃林福德。威廉的部队在沃林福德可以安全地涉水蹚过泰晤士河。他们开始从西北部向首都挺进，途中他们烧毁了米德尔塞克斯和赫特福德郡。威廉在争夺自己公国控制权的漫长而又激烈的斗争中学会了这些战术，现在他让久经沙场的军队慢慢蚕食这个国家。

国王埃德加年仅15岁，无力抵抗。如果麦西亚伯爵伊德温和诺森布里亚伯爵莫卡尔能够鼎力相助，伸出援手，埃德加兴许还可以放手一搏。但是，当威廉进军的消息传到伦敦时，国王的支持者们纷纷打了退堂鼓。伊德温和莫卡尔率军逃之夭夭。埃德加深感无望，恐慌和绝望也在民众中蔓延开来。

最后，埃德加别无选择。暗黑时刻终究到来，年轻的国王带着主教和权贵骑马逃离伦敦，在伯克汉姆斯特德向威廉双手奉上王冠。

对英格兰人来说，王冠象征着英格兰的王位；但对于诺曼人来说，威廉在加冕之前并不是国王。于是，1066年圣诞节，威廉前往大修道院教堂受膏①并加冕为王，随行的侍卫全副武装守在门外。他们应该时刻保持警惕。大主教要求会众称赞威廉为王时，高亢的喊声让守候在外的侍卫误以为国王遭到了偷袭，他们立马纵火焚烧了附近的房屋。

《盎格鲁-撒克逊编年史》记载："火势迅速蔓延，教会里欢欣鼓舞的人们陷入恐慌，成群结队的男女，无论阶层，无论年龄，都蜂拥逃生。"威廉在几乎空无一人的教堂里加冕；而外面，漫天火海，人们挣扎逃生。这是他统治英格兰的开端，但也十分应景。

---

① 以油或香油抹在受膏者的头上，使他接受某个职位。

国王威廉着手收缴战利品。他没收了那些死在黑斯廷斯的人的土地。由于哈罗德和他的兄弟们拥有大量土地，所以威廉有很多事情要做。曾支持埃德加的两位伯爵伊德温和莫卡尔宣誓效忠威廉。

英格兰看似已平稳过渡。在抵达六个月后，威廉任命他的嫡系监国，自己返回诺曼底，随行的还有埃德加·埃特林、坎特伯雷大主教斯蒂甘德，以及伊德温和莫卡尔伯爵。国王回到了母国，但他劫持了一批重要人质以巩固他的统治。威廉的"摄政王"们在英格兰推行了一种全新的预防措施，即修建城堡。阿尔弗雷德曾经通过修建城堡抵御维京人，但城堡保卫和统治周围地区的功能，英格兰人却并不熟知。"摄政王"们一边下令民众建造城堡以巩固统治，一边纵容自己的手下四处掠夺。这样的做法无异于掩耳盗铃。

埃德里克率先奋起反抗。1067年夏天，埃德里克偷袭了赫里福德郡，击败了诺曼巡逻队，但无法占领赫里福德城堡。英格兰伯爵们被扣为人质后，英格兰的底层民众开始采取行动。

肯特紧随其后。全新的多佛尔城堡从岬角升起，目标虽然明确，但他们却无法攻占。当时，布洛涅伯爵尤斯塔斯（Eustace, Count of Boulogne）也在觊觎这片土地。这个盟友显然有些靠不住，因为他在黑斯廷斯曾与威廉并肩作战，但威廉划分属地后，他便与其势不两立。他在多佛尔登陆后围攻了城堡，但是诺曼守军顽强抵抗，守住了阵地，而且在英格兰叛军没来得及再次集结之前就发动了反攻，击败了尤斯塔斯。尤斯塔斯伯爵逃到船上，但是他的众多手下却是有去无回。

真正让威廉日夜兼程赶往英吉利海峡的事

> 威廉统治期间，硬币的需求量很大，全国约有70家铸币厂。

盎格鲁－撒克逊王朝的终结？
在威廉的统治下，英格兰古老的习俗几乎消失殆尽

《末日审判书》有如下记载，1086年，英格兰人只拥有该国土地的5%，而这一比例在接下来的几十年中持续减少。马姆斯伯里（Malmesbury）的威廉在12世纪初写道："英格兰已经成为外国人的住所，也是外族血统领主的游乐场。那时的伯爵、主教或修道院院长都不是英格兰人。"

在入侵和随后的叛乱中幸存下来的人逃亡国外到苏格兰、斯堪的纳维亚半岛、爱尔兰和更远的地方避难，有时甚至更远，如拜占庭。这些英格兰人成为国王的侍卫亲兵，又被称为盎格鲁-撒克逊部队。

他们留下的土地上，贵族的语言也随之改变。威廉的宫廷里使用的是拉丁语和法语，一直到他的儿子和继承人威廉·鲁弗斯（William Rufus）统治时期都是如此。鲁弗斯在他父亲的新森林打猎时，被人失手一箭射死。后来，他的弟弟亨利一世开始复兴英语和英格兰的习俗，可惜他没有子嗣，融合两种文化的措施难以为继。因为没有子嗣，亨利指定他的女儿玛蒂尔达[①]为继任者，但威廉的孙子斯蒂芬觊觎王位，因此发生了内战。随后20年的内战使英格兰陷入无政府状态，《盎格鲁-撒克逊编年史》哀叹道："基督和他的圣徒都睡着了。"

在平民阶层，8000多名诺曼定居者和本地英格兰人之间的关系慢慢缓和。到12世纪初，异族通婚已经很普遍了。虽然没有英格兰人主教，但英格兰人开始在修道院担任院长，通过记录历史，僧侣们努力改善两个种族之间的关系。无政府状态宣告结束1154年年底，亨利二世登基时，情况有所改观。黑斯廷斯战役结束长达一个世纪后，英语再次成为官方语言，但古英语人名地名已经失传。当时的英格兰人多叫鲍勃和约翰，而不再是埃塞尔温和埃塞尔瓦尔德。

1170年，理查德·菲茨·奈杰尔（Richard fit Nigel）写道："今天，种族已经完全融合，几乎无法辨别谁是英格兰人，谁是诺曼人。"征服者最终被征服了。

---
① 与其母同名。

件,是哈罗德的母亲吉莎(Gytha)领导幸存的戈德温森家族正在蠢蠢欲动。吉莎从属地埃克塞特(Exeter)向英格兰其他城镇传递消息,要求联合反对征服者。她还派遣亲信与丹麦宫廷联系,同时她通过哈罗德的第一任妻子天鹅颈伊迪丝通知哈罗德的儿子们在爱尔兰组建军队。

1067年,在伦敦过完圣诞节后,威廉率军向西南进发,他召集刚刚俯首称臣的英格兰民众与他并肩作战。但是,接近埃克塞特时,叛乱似乎平息了。城池的首脑们出门迎接征服者并宣誓服从,拱手送上众多人质以示忠心。

但是回到城内,他们却立马关闭了大门,阻止威廉军队进入。他们也许是在争取时间,等待救援。威廉想撬开大门,于是当众刺瞎一名人质。编年史曾有如下记载,一名守军脱下裤子放了一个屁以示回应。双方随即展开激战,但是,仅仅18天后,这座城池就乞求和谈。

> 到12世纪初,诺曼人和英格兰人已经普遍通婚。

▲ 13世纪的编年史对黑斯廷斯战役的记载

英格兰编年史家认为，埃克塞特主动投降的原因很简单，那就是吉莎和她的追随者抛弃了他们。令人惊讶的是，威廉同意和谈了。

暴乱平息之后，威廉将他的妻子玛蒂尔达从诺曼底接来，在圣灵降临节于威斯敏斯特将她加冕为王后。英格兰和诺曼领主都出席了会议。威廉似乎正在建立一种混合贵族制度，这种制度是一代人之前克努特征服英格兰时建立的。

怨恨，特别是因为土地被没收而产生的不满情绪正在滋长。伊德温和莫卡尔两位伯爵的土地被削减，他们决定奋起反抗，立即便得到了其他人的支持。意外的是，埃德加·埃特林也与威廉一起回到了英格兰，现在他已不再是王室的人质，而是伯爵。"有人告诉国王，北方人已经聚集在一起，如果威廉来了，他们将血战到底。"编年史如是记载。

威廉真的来了，以他惯用的方式。英格兰两位最有实力的伯爵公开叛乱，埃德加在其中只不过是个傀儡而已，威廉率军将其镇压。编年史记载，威廉从诺丁汉挺进约克、林肯，并迅速收复整个地区。叛乱转瞬即被平息，足以证明诺曼战争机器的强大杀伤力。英格兰军队最难攻克的就是城堡。威廉建了很多城堡，令英格兰军队望"堡"兴叹。编年史家解释说："英格兰军队很少建堡垒……因此，尽管英格兰人好战勇敢，但没有城堡，他们的胜利也很难坚守。"

叛乱失败后，埃德温和莫卡尔伯爵再次投降，而埃德加则逃往北方，寻求苏格兰国王马尔科姆的庇护。

威廉在北方平乱，哈罗德的儿子们也一直在爱尔兰招兵买马，伺机而动。他们在萨默塞特登陆并试图攻占布里斯托尔（Bristol），但却遭遇了坚决抵抗，最终战败。他们继续突袭，后来，他们与伊德诺斯（Eadnoth）交战，伊德诺斯是当地贵族，从名字看应该是英格兰人。虽然伊德诺斯被杀，但哈罗德的儿子们也遭受重创。他们撤回爱尔兰，一路烧杀劫掠。如果他们希望唤醒自

威廉在北方平乱，哈罗德的儿子们也一直在爱尔兰招兵买马，伺机而动。他们在萨默塞特登陆并试图攻占布里斯托尔。

▲ 许多古英格兰贵族参加了征服者威廉在威斯敏斯特的加冕典礼

己的同胞，那么他们已经失败了。他们的所作所为表明，他们只想大捞一笔而非唤醒民众反抗威廉。

威廉最大的威胁即将到来。威廉担心自己无力控制北方，便将泰恩河以北土地的统治权交给了罗伯特·卡明。罗伯特挥军北上，一路上效仿诺曼人的做法，烧杀抢掠，无恶不作。抵达达勒姆后，他与主教住在一起。1069年1月31日拂晓，绝望的诺森布里亚人攻入达勒姆，开始屠杀弗莱明人。在主教的住处，罗伯特与偷袭者展开殊死搏斗，叛乱分子点燃了房子，砍杀四处逃窜的敌人。

罗伯特的死讯传遍全国，整个国家叛乱四起。虽然城堡有效阻挡了叛军，但约克领主在城堡外被活捉并处死。"可是威廉国王率领大军挥师南下，叛军毫不知情。威廉的军队迅速投入战斗，数百名没来得及逃走的叛军遭到屠杀，约克城也被洗劫一空。"

多数人侥幸逃脱，他们藏身约克周围的低洼沼泽中。威廉归来后，约克的城堡再次受到重创。与此同时，哈罗德的儿子们卷土重来，仲夏时节，他们率领60多船人马在巴恩斯特普尔（Barnstaple）附近登陆。威廉也为此付出了惨重的代价，王国风雨飘摇。

接下来的事情更是雪上加霜。克努特的侄子丹麦国王斯韦恩·埃斯特里德松（Sweyn Estridsson）听说英格兰叛乱四起后，也效仿他的叔父，组建了船队。1069年夏末，船队沿着灰鲸之路挺近英格兰海岸，在亨伯河口与埃德加和英格兰北部领主会和。斯韦恩本人没有来，他将舰队指挥权交给了他的兄弟阿斯比约恩（Asbjorn），但在叛军看来，诺曼人的统治很快就会结束；惊慌失措的约克驻军迎战英-丹军队，溃不成军，叛军对此更是深信不疑。

威廉北上平乱，他发现丹麦人采用了古老的维京战术"空城计"。他们实际上在阿克斯霍尔姆岛（the Isle of Axholme）——林肯郡难以穿越的沼泽地安营扎寨。威廉试图与之交战，但此时他获悉英格兰各地——如蒙塔丘特（Montacute）、埃克塞特、什鲁斯伯里（Shrewsbury）——暴乱四起。威廉命副将在此平乱。可是，每当诺曼人逼近，英格兰人就撤到荒野中，诺曼人离开，他们又卷土重来。所以威廉想亲自在斯塔福德与他们交战，永绝后患。

威廉返回北方后，丹麦人消失得无影无踪，他就像在与迷雾作战一样。威廉索性采用新的战略：黄金。他收买了阿斯比约恩，允许他袭击海岸，但前提是他们冬天不能在此停留。丹麦人离开了，威廉冷冷地凝视着约克周围的土地。威廉深知他只是暂时收买了阿斯比约恩，此人还会卷土重来。于是，威廉下定决心在北方实行焦土政策，等丹麦人再回来，北方早已一片荒芜了。

焦土政策拉开帷幕。威廉派部下彻底摧毁约克周围的所有城镇，片瓦不留、寸草不生。这就是时至今日约克郡的人仍然称威廉为私生子（混蛋）的原因。据编年史家所说，威廉下令摧毁庄稼后，有超过10万人死于饥饿。幸存者靠吃死人尸体或将自己卖为奴隶求生。伍斯特郡（Worcestershire）伊夫舍姆修道院（Evesham Abbey）的僧侣依然记得，饥肠辘辘的难民踉踉跄跄地跌入修道院，狼吞虎咽后倒地暴毙，他们因为饿了太久，身体无法承载过多食物。每每忆起，僧侣们仍惶恐不安。

北方被彻底摧毁，不再构成威胁，1070年，威廉花了几个月时间消灭了麦西亚叛军。到了3月，一切尘埃落定。最后一次大规模的反叛被彻底击败。威廉终于征服了整个英格兰。

觉醒者赫里沃德

可惜，抵抗征服的最著名人物之一，历史上却声名狼藉

赫里沃德声名狼藉源于后世对一些事件的描述。其中有许多传说真假难辨，但可以肯定的是，赫里沃德和他的追随者一起洗劫了彼得伯勒修道院（Peterborough Abbey），宣称要从诺曼人手中拯救贵重物品。1071年，赫里沃德加入了由莫卡尔领导的抵抗运动，这也是最后一次抵抗运动。诺森布里亚伯爵莫卡尔没有参与前一年的叛乱，而且现在他的权力大不如前，他想在芬兰沼泽中的伊利岛（Isle of Ely）站稳脚跟。人们众说纷纭，但威廉以某种方式结束了围攻，俘虏了莫卡尔并将他终身囚禁。赫里沃德本人逃脱，再无音信。

▲ 赫里沃德的绰号最早出现在14世纪后期的记录中，可能意味着"警惕"

黑斯廷斯如何改变历史

黑斯廷斯战役之后，诺曼人开始同化英格兰。他们废止了几个世纪的传统，并在英格兰实施改革，这些改革的痕迹至今犹在

六个多世纪以来，英格兰盎格鲁-撒克逊统治者的生活方式构成了英格兰的文化。然而，1066年，诺曼人来了，征服者和诺曼底家族的上层社会给这个国家带来了变化，在欧洲历史上影响深远。短短几年内，诺曼人就取代了英格兰人的贵族地位，并在未来的几十年，改变了英格兰人的态度、建筑、制度、语言和习俗。

这些影响余波未消。在博物馆、教室和摇摇欲坠的废墟中，甚至在现代政府的办公室和讲英语民族的演讲中仍可窥豹一斑。这一过程不乏血腥暴力、痛苦哀嚎，更有数以万计生命的陨落，也有成千上万家族的覆灭。当然，在其他领域，诺曼人也有耀眼成就。

我们不禁要问，诺曼人做了什么，他们是怎样做到的？下面，我们就看看这些重要的影响。

阶级结构调整

对英格兰贵族来说，诺曼征服是毁灭性的

通过没收土地，威廉对盎格鲁-撒克逊贵族和"国王的追随者"阶层进行了彻底的改革。1068年5月，在英格兰人和诺曼人的共同见证下，威廉为妻子玛蒂尔达王后加冕。1086年，威廉在索尔兹伯里（Salisbury）的老萨勒姆教堂（Old Sarum）举行大型会议，到场的贵族皆为诺曼人。据《末日审判书》记载，在所有领主中，只有13人是英格兰人，其中仅有4人拥有价值超过100英镑的土地。英格兰曾有"国王的追随者"阶层，大约90人，拥有40海德（1海德相当于约30英亩）以上土地，现在已经消亡殆尽。在8000个

> 为了区分并控制遗产，诺曼征服后，英格兰的男性开始使用姓氏。

小领主中，英格兰人只占总数的10%，这表明4000~5000个英格兰中层贵族被削减。几乎每个村庄的英格兰领主，即大约90%的英格兰领主都被诺曼人替代。1086年，英格兰一半的爵位，约200个，都归于诺曼人，另一半则是威廉的家人和朋友。切斯特伯爵（earl of Chester）拥有300座庄园，年收入为800英镑。但与威廉的资产相比，这笔巨额财富也相形见绌。威廉拥有的土地是所有拥有爵位之人的土地总和的两倍，价值12600英镑。威廉垄断了土地，英格兰的领主其实都是从国王手中获得土地的总佃户或次佃户。贵族也要遵守与国王的契约，英格兰教会亦是如此。古老的英格兰贵族在短短一代人的时间里就黯然失色，上层贵族尽数消亡，中层被迫沦为奴隶。

起义和叛乱

保住英格兰王位的过程是镇压暴力叛乱、粉碎阴谋的过程

比起成为英格兰国王，巩固统治似乎难上加难。1075年，拉尔夫·德·瓜德（Ralph de Guader）在迎娶赫里福德的妹妹罗杰的婚礼上密谋起义。参与密谋的还有一人——诺森布里亚的沃尔特夫伯爵（Earl Walthe），但他背信弃义，他本人也因告发此事而被斩首，而其他人的军队则被歼灭。这是最后一次针对威廉的阴谋，不同之处在于，领导者是一群法国人。

1087年，威廉去世，他的两个儿子争夺王位，内乱持续数月之久。12世纪，小规模的冲突升级为争夺英格兰王冠的血腥战争。1120年，亨利一世唯一的继承人淹死后，亨利想让他的女儿玛蒂尔达继承王位。但布卢瓦（Blois）的斯蒂芬（威廉一世的孙子）也觊觎王位，英格兰内战爆发，史称"无政府时期"。英格兰和威尔士战乱四起，数百座城堡和反城堡建筑兴建。1153年，玛蒂尔达王后的儿子亨利·菲茨安普赛斯（Henry FitzEmpress）承认斯蒂芬为国王，前提是自己成为他的继承人，这也被写进《温彻斯特条约》中正式生效，并举行和解仪式"和平之吻"。该条约被封存于温彻斯特大教堂。

1173—1174年，亨利二世国王的三个儿子起义。一年半的时间里，起义席卷了从苏格兰到布列塔尼的整个区域。1174年7月13日，叛军主力在阿尼克战役（the Battle of Alnwick）中被俘，亨利二世趁势歼灭了其余的反对派。诺曼权力更迭的方式让人触目惊心，不仅让家族，也让国民损失惨重。

征服威尔士
征服者加强对威尔士王国的控制

1063年,哈罗德战胜了威尔士国王格鲁菲兹·阿普·卢埃林。1066年后不久,诺曼人抵达时,威尔士国力空虚,一片混沌。为了防止英格兰叛军与潜在的威尔士盟友联合,征服者威廉在英格兰边界建立了三个新领地。在南威尔士,统治者借助赫里福德伯爵威廉·菲茨奥斯本(William FitzOsbern)的力量,与伯爵的儿子罗杰继续结盟,并帮助威尔士统治者卡拉多格·阿普·格鲁菲德(Caradog ap Gruffydd)打败邻国,从而在1072年成为整个格拉摩根(Glamorgan)的主人。1081年年初,威尔士统治者之间的敌意引发了迈尼德卡恩战役(the Battle of Mynydd Carn),三名威尔士统治者战死,权力移交给了新国王莱斯·安普·都德沃(Rhys ap Tewdwr)。威廉想要控制莱斯(Rhys),于是率军前往威尔士最西端彭布罗克郡(Pembrokeshire)的圣大卫,并在加的夫(Cardiff)建立了一座新的城镇和城堡。1094年,诺曼人在威尔士建造了大量城堡。大部分地区由威廉的长子威廉二世控制,但到12世纪初,这些土地又重回威尔士人的控制之下。

在中世纪的其余时间里,威尔士动荡飘摇,因为威尔士的统治者时而是英格兰人,时而是威尔士人。1294年战争结束后,威尔士其实已经成为英格兰殖民地。1542年,亨利八世废止了威尔士的语言和法律体系。英格兰雄狮征服了威尔士蛟龙。

英格兰逃离
诺曼征服后数百名英格兰人逃离

诺曼统治对许多盎格鲁-撒克逊人来说是灭顶之灾,他们逃到苏格兰、斯堪的纳维亚半岛或爱尔兰。哈罗德国王的家族也曾对这些地区发动战争,但都没有成功。据冰岛的传奇记载,350艘船只(另说为235艘)驶向拜占庭帝国,这是最大规模的逃亡。在格洛斯特伯爵西沃德(Earl Siward of Gloucester)的带领下,他们航行到摩洛哥北部海岸的休达(Ceuta),杀死了当地居民并掠夺了财富。在占领马略卡岛(Majorca)和梅诺卡岛(Minorca)后,他们航行到君士坦丁堡。为了击败围攻舰队,国王阿列克修斯一世·科穆宁(Emperor Alexius I Comneus)想收

禁止奴隶贸易
在教会的支持下，诺曼人废除了奴隶制

从铁器时代早期一直到罗马和盎格鲁-撒克逊时期，奴隶阶级是英格兰的一个阶层，而且也为英格兰、威尔士、苏格兰和爱尔兰带来了巨额利润。诺曼人还是北欧人时，法国北部及斯堪的纳维亚半岛常有奴隶交易。10世纪下半叶，诺曼底首府鲁昂（Rouen）的奴隶市场蓬勃发展。11世纪上半叶，奴隶买卖才偃旗息鼓。

在诺曼征服前，英格兰的奴隶贸易方兴未艾，后来许多奴隶（占人口的10%）被诺曼主人释放，并获得了房屋和土地。经济因素可能是奴隶贸易衰落的原因，但更重要的原因可能是教会领袖对诺曼底公爵不断施加道德压力。征服者威廉从奴隶贸易中牟利，但他却颁布法律限制奴隶贸易，这也说明即使利益受损，他也认可教会的人文关怀。威廉死后，教会巩固了威廉时期的反奴隶制法律，1102年的伦敦主教会议上宣布，"绝不容许将人当作动物出卖的行为存在，奴隶贸易在英格兰盛行已久，早已臭名昭著"。那时，奴隶制在法国、意大利中部和西班牙加泰罗尼亚早已销声匿迹。

留西沃德一行作为侍卫亲兵。这个提议对某些人来说很诱人，因为侍卫亲兵只在关键时刻作战，并且可以优先获得战利品。然而，西沃德伯爵和其他人想要属于自己的领地，所以阿列克修斯一世将"距君士坦丁堡以北和东北6天路程"的土地赐给他们。在那里西沃德击退了异教徒，建立了新英格兰，并以家乡的名字命名城镇，如伦敦和约克。其实，盎格鲁-撒克逊人此时成为侍卫亲兵是有据可查的，但西沃德伯爵和新英格兰殖民地的历史却无据可考。一位拜占庭历史学家发现了克里米亚半岛（Crimean Peninsula），也包括盎格鲁-撒克逊移民建立的"新伦敦"。

植树造林

威廉热爱狩猎,因此颁布《森林法》

盎格鲁-撒克逊人崇拜狩猎和猎人,但盎格鲁-撒克逊的君主却放任他们的亲属对森林予取予求,而没有努力保护森林和森林中的野生动物免于不受限制的狩猎。11世纪,诺曼人颁布了《森林法》,这一现象被彻底改变。征服者威廉是出了名的狩猎爱好者,《盎格鲁-撒克逊编年史》称:"威廉喜爱雄鹿,雄鹿就像他的孩子们一样。""森林"一词首次出现在《末日审判书》中,是指国王及其客人休闲狩猎的土地。《森林法》旨在保护"高贵"的动物:红色的小鹿、狍子、貂、野猪、狼和野兔。同样受到保护的还有禽类等。《森林法》独立于其他法律,森林由警卫严格守卫,他们守护森林,并对偷猎者施以严惩。例如,《威廉的挽歌》(The Rime of King William,1086)记载"猎杀雄鹿或雌鹿将被刺瞎双眼"。威廉创造的最著名的森林是汉普郡森林,这里现在平静安宁(夏季除外)。完全无法想象,当年为了让该地区适合动物居住,威廉命令将20个大村庄和十几个小村庄数百人尽数驱逐。

宗教革命

诺曼人通过法律和建筑开始宗教复兴

1070年8月，威廉任命了一位新的坎特伯雷大主教，即他的挚友、幕僚也是欧洲最著名的学者兰弗朗克（Lanfranc）。两人都认为英格兰的教会需要改革，并引入了单独的教会法院、大执事和教会委员会。诸如圣职买卖、神职人员婚姻等做法均被禁止。兰弗朗克之所以允许牧师保留现有的伴侣，也许是因为1072年，鲁昂大主教禁止已婚神职人员的妻子公开露面而险些被杀。

在建筑方面，兰弗朗克大主教引导的革命至今仍影响深远。1067年12月，大火烧毁了坎特伯雷大教堂，受兰弗朗克委托，一座新罗马风格的建筑拔地而起。1072年，林肯大教堂开始建造，10年来，新的大教堂和修道院教堂先后在索尔兹伯里、奇切斯特（Chichester）、罗切斯特（Rochester）、圣奥尔本斯（St Albans）和温彻斯特落成，因此马姆斯伯里的威廉说："真不知道哪个更值得夸耀，漂亮的外观还是惊人的速度。"

1069年焦土政策大行其道，之后不久，北方的宗教开始复兴，塞尔比（Selby）、杰罗、惠特比（Whitby）、蒙克韦尔茅斯、达勒姆和约克纷纷修建或修复修道院。诺曼征服70年后，英格兰的修道院数量从大约60座增加到近300座。

12世纪20年代,马姆斯伯里的威廉说:"村庄、城镇和城市,到处都能看到教堂,修道院沿用了新的建筑风格,政府重视宗教,国家也必将蓬勃发展。"

诺曼人另一个典型的建筑遗迹就是城堡,主要采用易于防御的土丘-沟渠或环形结构。可以说,诺曼建筑最具标志性的例子是白塔,白塔位于伦敦塔的中央。1070年,这里是威廉一世的皇宫,直到他去世十多年后才完工,后来白塔变成了监狱。

> 1171年10月17日,亨利二世登陆沃特福德,这是英格兰国王首次访问爱尔兰。

陪审团制

诺曼人改革盎格鲁-撒克逊法律体系

陪审团制并不是诺曼王朝的首创。这种制度引入后被确立为英格兰的法律制度，同时大加推广，以解决民众之间的争端。在诺曼征服前70年，盎格鲁-撒克逊议会的"12位贵族"发誓永远不会指控无辜者或保护罪犯，这个团体是后来陪审团的雏形。征服者威廉利用陪审团来完成《末日审判书》；否则，英格兰人和法国人之间的争端将继续通过战斗（欧洲方法）或"神裁法"——携带或走过炽热的金属（盎格鲁-撒克逊方法）——来决定。

亨利二世统治时期，这两种方法被"陪审团制"取而代之。"大陪审团"由12名骑士组成，用于裁定重大事件；"小陪审团"由自由民组成，用于裁定财产或继承纠纷。陪审员应是了解案件的当地人，也是法官的证人。一些城镇的巡回法庭呼吁陪审员公开说出他们怀疑犯有严重罪行的邻居的名字，也有人说这是公报私仇。这一做法的初衷是一举清除英格兰的不法分子，虽然许多人受到指控，但很少有人因此获罪。最多是将不法分子驱赶到英格兰的绿林中，随着时间的推移，这些人却成为罗宾汉式的半传奇人物。

货币改革

对铸币和税收制度进行了彻底的现代化改革

　　诺曼征服前，贡赋（公共税）是统治者的收入来源。其中大部分需要偿还入侵者并用于军费开支，以维持并制造庞大的舰队来击退入侵者或远征他国（忏悔者爱德华除外，1051年，他废除了舰队）。然而，1066年和之后的一段时间，由于种种原因，国王的贡赋逐渐减少。为了巩固统治，国王将土地拱手相赠；与此同时，诺曼人在北部、南部海岸和威尔士边境烧杀掳掠，无恶不作；城堡建设项目占用了大片耕地，不适于耕种的土地也越来越多，因此，贡赋一降再降，越来越少。此外，劣质金属使银币货币贬值，同时森林成为免税区，甚至直接拒绝支付贡赋。诺曼王朝捉襟见肘。诺曼地主将佃户的租金提高，将沉重的压力转嫁给农民。自由人的数量直线下降（不

及诺曼征服前的数量),而农民的数量却徒然猛增。
《末日审判书》中充斥着对租金超过土地价值的抱怨,"他现在就是个农民"这句话司空见惯,意思是从前的地主现在却沦为地位卑微的农民。为了筹集资金资助法国北部缅因的战争,1084年,威廉将贡赋率提高了两倍。1082年的饥荒,无疑雪上加霜。当时英格兰百废待兴。

"国王和他的首领,"《盎格鲁-撒克逊编年史》有云,"他们贪得无厌;他们觊觎金银财宝,不择手段"。为了解决财政问题,亨利一世在12世纪对铸币进行了三次改革,严惩影响银币价值的不法分子,并在英格兰建立了可谓最伟大的中世纪机构:财政部。财政部的会议确保了国王的钱财取之有道,用之有度,用之有节。

语言和文学

诺曼人丰富了英格兰的语言和文学

诺曼人对英格兰文化最深远的影响是在语言和识字领域。起初，征服者威廉曾用英语发布指示，但他学习英语未果，因此慢慢地，1070年，英语不再是政府的官方语言，英语作品数量也急剧下降。1066年后，用英语写诗的人寥寥无几，这些人感叹道，"现在教学荒废了，人民迷茫了，现在又有别人在教我们的国民。我们的许多老师，还有许多乡亲都被边缘化了。"

12世纪末，几乎无人能读懂古英语，诺曼人的法语和拉丁语成了主流语言。双语是诺曼后裔身份标志，受过教育的人也学习拉丁语。13世纪后期，格洛斯特的罗伯特（Robert of Gloucester）说："不懂法语，就会被人瞧不起。但下层人民仍然坚持使用英语和自己民族的语言。"今天的法律词汇都包含法语词根（协议、入室盗窃、法庭、债务、证据、司法、罚款、监狱、警察、逮捕等）。讽刺的是，直到征服英格兰后，法国人才开创自己的书面文学。可能受到《贝奥武夫》等盎格鲁-撒克逊文学的启发，在诺曼征服之后的一个世纪里，随着骑士精神和宫廷浪漫主义价值观的兴起，英格兰的文学复兴（拉丁语和法语）如火如荼。

《罗兰之歌》（*The Chanson de Roland*）是查理曼大帝对战撒拉森人（Saracens）的战争史诗，创作于12世纪初的英格兰。第一部法语历史著作是杰弗里·盖马尔（Geoffrey Gaimar）的《英国史》（*Historia Regume Britanniae*，1136—1137）。英国作家，通常来自盎格鲁-诺曼混血家庭，创作的作品令后世望尘莫及。这些伟大的作品中最著名的当数蒙茅斯的杰弗里（Geoffrey of Monmouth）的《不列颠历史》（*Historia Regume Britanniae*，1136），这是一部用传说和幻想写就的史诗，也是欧洲中世纪最受欢迎的历史作品之一。1180年，亨利二世宫廷的赫里福德郡牧师沃尔特·马普（Walter Map）创作了法国版的圣杯和兰斯洛特故事。这部作品的现存副本数量超过了其他中世纪手稿。

从战争到文化

在不到三个世纪的时间里,诺曼人更改了法律,在欧洲和近东开疆拓土

1070 年:建筑热潮
威廉开始建造城堡,守卫并不甘心臣服的英格兰。4 年内,木质土坯-沟渠城堡被石头所取代,大量城堡迅速在全国涌现。

1066 年:英格兰的命运
英格兰王位悬空,三个并不完美的王位继承人,以武力证明自己继承人的身份。私生子威廉——诺曼底公爵(即将成为征服者威廉)就是其中之一。

> 诺曼人赦免了投降的敌人,这也成为骑士价值观的基石。

911 年:北方人入侵
一支北欧军队沿着塞纳河南下,围攻巴黎。查理三世将北方的土地割让给了他们的领袖罗洛以结束维京人的袭击。罗洛欣然接受,但根据民间传说,他没有跪地亲吻国王的脚,而是把国王的脚举到唇上,国王大发雷霆。北方人成为诺曼人,罗洛的后裔成为诺曼底公爵。

1016 年:雇佣军
诺曼骑士以其军事实力闻名遐迩,他们抵达意大利,作为雇佣兵与争夺半岛控制权的各方势力——伦巴第人、拜占庭人、摩尔人,以及来自北非的穆斯林作战。他们的影响力不断扩大,在意大利南部获得了封地。

1204 年:诺曼底陷落
法国的腓力二世打败了顽固的诺曼底公国,将其收为自己的领地。诺曼腹地已经不复存在,英格兰的统治阶级越来越认同自己是英格兰人。

1061 年:第一次征服
罗伯特·吉斯卡德被教皇任命为西西里公爵后,便野心勃勃,将目光锁定南方。一路上他所向披靡,几乎没有遭遇任何抵抗,便成功登陆,征服了摩尔人。

1140 年:哥特式建筑引领潮流
哥特式建筑始于法国,并在诺曼底和英格兰大受欢迎。这种建筑以其高尖的拱门和柱子重新定义了教堂和城堡。

1130 年:第二王国
吉斯卡德的侄子罗杰二世,在教皇内战中支持获胜的一方,因此,他被教皇霍诺里乌斯二世加冕为西西里国王。他身披精心制作的王室披风,这种披风后来用于未来神圣罗马帝国皇帝的加冕典礼。

1099 年:基督的勇士
第一次十字军东征,耶路撒冷饱受战争侵扰。诺曼人从英格兰、诺曼底和意大利南部而来,他们并肩作战,建立新国:安提阿公国和加利利公国。

如果……历史又当如何书写？

三王交锋，英格兰的三种命运

在斯坦福桥大获全胜之后，哈罗德和他的军队还没来得及喘口气，就从约克郡匆匆赶到萨塞克斯海岸，在黑斯廷斯迎战私生子威廉的诺曼军队。随后的战斗势均力敌，双方伤亡惨重。哈罗德作战经验丰富，他的军队久经沙场，而诺曼人擅长骑兵战术。双方胜负难分。最终，征服者威廉获胜。但如果英格兰人笑到最后，未来会怎样呢？

虽然我们一直在谈论"伟大的"哈罗德国王和著名的戈德温森家族，但我们对11世纪的英格兰却知之甚少。为什么？因为我们大部分的认知都来自《末日审判书》，其中征服者威廉记录了他赢

▲ 在黑斯廷斯战役中,哈罗德不敌征服者威廉,但如果那支箭射入了威廉的眼睛而不是哈罗德的眼睛呢?

得黑斯廷斯战役后的历史事件。如果没有这些资料,英格兰的许多城镇和村庄我们将全然不知,因为历史学家对整个英格兰的历史不甚了解。

如果哈罗德赢得了这场战斗,那么埃德蒙二世国王的孙子埃德加·埃特林会对哈罗德的统治造成威胁,因为埃德加·埃特林才是合法的王位继承人。事实果真如此,英格兰就会陷入混乱,与当时处于封建革命之中的法国相似,因政治分歧和权力本地化而四分五裂。

▲ 如果征服者威廉殒命沙场,那么诺曼底很可能会陷入混乱

▲ 如果哈罗德·戈德温森在黑斯廷斯获胜，那我们现在谈论的就该是伟大的哈罗德二世了吧？

威廉在那个决定命运的一天取得了胜利，但如果英格兰人赢了，又会如何？

盎格鲁－撒克逊人击败诺曼人
哈罗德的军队休整后，精力充沛，在黑斯廷斯击退征服者威廉；哈罗德被誉为英雄。

1066年9月29日

1066年9月25日

戈德温森挥军南下
戈德温森得知威廉大军压境，于是从伦敦向南进军阻击他们。

1066年9月20日

盎格鲁－撒克逊的伯爵们在富尔福德获胜
哈拉尔德·哈德拉达和托斯蒂格在富尔福德被北方伯爵埃德温和莫卡尔击败。

威廉加冕为王
威廉最初遇到抵抗，攻占伦敦后，他加冕成为国王。此后几年，这个国家叛乱四起。

1066年12月25日

1066年1月 | 1066年9月 | 1066年9月20日 | 1066年9月25日 | 1066年10月14日

威廉准备入侵英格兰
威廉觉得英格兰国王非他莫属，便集结了贵族军队和一支由700艘战船组成的舰队。

哈拉尔德·哈德拉达入侵英格兰
北欧国王哈拉尔德·哈德拉达也觉得英格兰王位非他不可，于是入侵英格兰，沿着乌斯河航行，在约克郡登陆。

盎格鲁－撒克逊人在富尔福德战败
哈拉尔德与哈罗德在富尔福德对战。盎格鲁－撒克逊人寡不敌众，挪威人占领约克。

盎格鲁－撒克逊人在斯坦福桥取得胜利
哈罗德率军北上，在斯坦福桥大败入侵者，并斩杀哈拉尔德·哈德拉达。

哈罗德·戈德温森在黑斯廷斯战败
威廉的舰队越过英吉利海峡，与哈罗德在黑斯廷斯交战。但英格兰人早已疲惫不堪，最终战败。

1066年9月25日 | 1066年10月14日

北欧人在斯坦福桥获胜
尽管遭到盎格鲁－撒克逊人的伏击，北欧人的军队还是战胜了哈罗德的

北欧人击败诺曼人
哈德拉达的部队已经做好了迎战威廉的充分准备，战斗异常残酷，诺曼征服者被挪威人击败。

- 历史真相时间线
- 哈罗德国王时间线
- 戈德温森国王时间线

图片所属

59、61页	© Alamy, Corbis, Look & Learn, Ian Hinley, Mary Evans
95、109页	© Rijksmuseum, Amsterdam
149页	© Alamy, Corbis
169页	© Chris Collingwood www.collingwoodhistoricart.com
179页	© Chris Collingwood, Getty

时间轴

1066 年 10 月 10 日 — 诺曼底陷入混乱
诺曼底国王尚在襁褓中，诺曼底群龙无首，持续 20 年的内乱即将拉开序幕。

1068 年 — 国家归于和平
通过斡旋谈判，哈罗德遏制了凯尔特人的袭击，并与威尔士和苏格兰达成协议，虽然国家四分五裂，但暂时归于和平。

13 世纪 — 北方帝国扩张
凭借其众多的贸易路线，欧洲北方帝国稳步扩张。贸易网络从美洲一直延伸到地中海东部。

14 世纪 — 南欧沦陷
在与南欧国家多次交战后，北方帝国完全统治了欧洲，斯堪的纳维亚文化吞噬了拉丁语文化。

1067 年

如果哈罗德在黑斯廷斯获胜，埃德加·埃特林也会与他争夺王位，毕竟埃德加才是合法的王位继承人

1072 年 — 英格兰逐渐发展壮大
哈罗德通过法国占领了许多战略港口。他还与斯堪的纳维亚半岛建立了牢固的联系，他本人也在欧洲举足轻重。

《末日审判书》
为了进一步确保自己的统治，威廉下令编纂《末日审判书》。

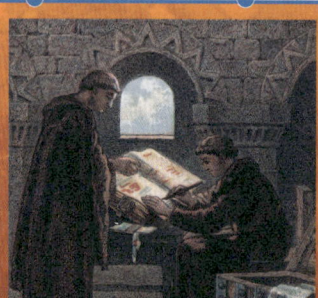

威廉一世下令撰写《末日审判书》以记录战争的真相，也因此为后世留下了一个了解过去的窗口

1085 年

1069—1070 年 — 威廉反击
为了应对北方叛军挑起的事端，威廉在北方实行"焦土政策"。

11 世纪 80 年代 — 修建伦敦塔
为了确保对英格兰的控制，威廉下令修建大量城堡，其中最著名的是伦敦塔的白塔。

1087 年 9 月 9 日 — 威廉之死
在一次军事行动中，威廉因病身亡。他死后，他的两个儿子之间发生了战争，他们意欲争夺英格兰王国和诺曼底王国。

1135—1154 年 — 为争夺王权而引发的内战
威廉的第四个儿子亨利一世去世后，继承危机引发了残酷的内战，史称"无政府时期"。

1066 年 11 月 32 日 — 哈德拉达加冕为王
在这个以前由斯堪的纳维亚国王统治的国家，哈德拉达成功安抚了叛乱分子，登基为王。

11 世纪 80 年代 — 英格兰被北欧同化
北欧语对英语产生深远影响，战斧也成为主要武器。

1110 年 — 挪威发展壮大
挪威日益强大，与法国分庭抗礼，多年来僵持不下。最后，北欧军队赢得了战争，瓜分了法国领土。

1200 年 — 北欧帝国扩张
北欧帝国成为欧洲最强大的帝国之一，继而摧毁了天主教信仰和天主教国家。

1390 年 — 美洲被重新发现
由于不列颠与北欧结成同盟，北欧人登陆美洲，比西班牙早先一步占领了美洲。此时，西班牙也在迅猛发展。